U0620935

德融课堂

大思政视域下的
学科德育创新建构

王琳琳 ◎ 编 著

DERONG KETANG

DASIZHENG SHIYUXIA DE XUEKE DEYU CHUANGXIN JIANGOU

天津出版传媒集团

天津人民出版社

图书在版编目（CIP）数据

德融课堂：大思政视域下的学科德育创新建构 / 王
琳琳编著 . -- 天津：天津人民出版社，2023.8

ISBN 978-7-201-19710-4

Ⅰ . ①德… Ⅱ . ①王… Ⅲ . ①德育—教学研究—中学
Ⅳ . ① G631

中国国家版本馆 CIP 数据核字 (2023) 第 153096 号

德融课堂：大思政视域下的学科德育创新建构
DERONG KETANG : DASIZHENG SHIYUXIA DE XUEKE DEYU CHUANGXIN JIANGOU

出　　版	天津人民出版社	
出 版 人	刘　庆	
地　　址	天津市和平区西康路 35 号康岳大厦	
邮政编码	300051	
电子信箱	reader@tjrmcbs.com	
责任编辑	张潇文	
装帧设计	高馨月	
制版印刷	廊坊市安次区团结印刷有限公司	
开　　本	710 毫米 ×1000 毫米　1/16	
印　　张	25	
字　　数	320 千字	
版次印次	2023 年 8 月第 1 版　2023 年 8 月第 1 次印刷	
定　　价	58.00 元	

编委会/

编　著：王琳琳

副主编：陈国伟　闫　夏　石敬华

编　委：索振美　李　萍　张志文

　　　　王　鑫　孙金玲　王志军

　　　　程大伟　任慧玲　王　辰

　　　　董　欣　钟安忆　李建蓉

　　　　刘元中　孟庆玉

前言/

　　国无德不兴，人无德不立。一个国家要培养人才，既要育智，又要育人。以习近平同志为核心的党中央审时度势、高瞻远瞩，高度重视培养社会主义建设者和接班人，坚持把立德树人作为中心环节，把思想政治工作贯穿教育教学全过程，实现全程育人、全方位育人，努力开创教育事业发展新局面。

　　教育家赫尔巴特曾说："教学如果没有进行道德教育，只是一种没有目的的手段，道德教育如果没有教学，就是一种失去了手段的目的。"他揭示的正是学科教学和德育之间的关系。一方面，教学不仅仅是单一的传授知识；另一方面，德育不能脱离教学而进行空洞的教育。只有把两者结合起来才能更好地完成教学任务，达到教书育人的目的。教学是手段，德育才是目的。

　　作为全国未成年人思想道德建设先进单位，天津市第二十五中学有着丰富的学科思政实践经验和理论积累。学校的学科思政实践始于1985年，经过全体教职工近四十载的砥砺探索，学校的学科思政得到继承和发展，形成鲜明的办学特色，得到社会各界广泛认可。尤其是在新课程改革的背景下，学科思政与落实新课程目标、社会主义核心价值观进课堂有机结合，进一步推动了素质教育的全面实施。学科思政的实践增强了广大教师教书育人的意识，落实了全面育人的要求，促进了每一名学生全面健康地发展。

百学须先立志，在开展学科思政工作的过程中，天津市第二十五中学高度重视目标的确立。于学科思政而言，"立志"即是在明确总体"培养什么样的人"的基础上，进一步根据学科内容特点，确定每一个学科、每一个单元甚至每一课的培养目标，为学科思政实践点亮指引方向的灯塔。《德融课堂——大思政视域下的学科德育创新建构》一书正是由学校的学科思政实践经验凝练而成的"指南书"。本书聚焦高中阶段语文、政治和历史学科的必修、选择性必修及选修课程，对每一单元的教育目标、每一课的思政教育目标和核心素养目标作出了细致明确的说明，为教师开展学科思政锚定了方向。

设定学科思政目标需要充分考虑内容与目标的适配性，不同的教学内容指向不同德育目标，以促成学科内容与德育目标的一致性，实现德育效果最优化。例如，学习语文课程《〈论语〉十二章》时，以引导学生思考儒家智慧对塑造中国民族精神的作用等为目标；学习政治课程《世界多极化》时，以培养学生正确的世界观、大局观，引导学生坚定走中国特色社会主义道路为目标；在学习历史课程《影响世界的工业革命》时，进一步深化"科学技术是第一生产力"的理念，为新时代科技发展培育创新人才。学校对学科内容与德育目标的配对关系的思考尽在此书中呈现。另外，德育目标之间也互为补充，相辅相成，汇成一股合力，推动学生成长为德才兼备的栋梁之材。

鉴往知来，行稳致远。编订此书，一方面是总结过往经验，使零散的经验理论化，用理论指导学校上下有的放矢地高效开展学科思政工作；另一方面意在为广大教育工作者提供参考，为共同奔赴更美好的教育未来助力。书中难免有疏漏处，敬请广大读者指正。

　　前景可期，未来可待。我们将进一步挖掘学科思政的宝贵经验，完善课程德育目标，回归对学生的生活世界、生命世界与精神世界的人文关怀，以爱的智慧召唤师生心灵与心灵的交流、灵魂与灵魂的碰撞、精神与精神的沟通，培养学生成为性情通达、才智清朗的创新人才。

　　立德树人，我们步履不停；瞩望未来，我们雄心万丈。吾侪共勉之。

编　者

2023年3月

目录／

历史 …………………………………………………………………… 237

绪论／融德于情：创新学科思政育人新范式

百年大计，教育为先；教育大计，德育先行。《关于全面深化课程改革落实立德树人根本任务的意见》提出要围绕核心素养深化基础教育改革目标，落实立德树人的教育宗旨。学生的身心健康成长与发展不仅仅关系到他们的未来，还关系到祖国的未来、世界的未来。教师要寓德育于各科教学内容和教学过程之中，明确知识与品德、教书与育人的统一关系，内化德育渗透的意义，提高渗透意识。育人目标是学科思政的指挥棒，也是本书的研究内容。本章将从我国德育与学科思政的内涵与要求、学校的学科思政实践和学科思政目标的构建三个方面讲述天津市第二十五中学开展学科思政目标探索的经验。

一、德育和学科思政

"立德树人"作为教育的根本任务，就是指教育事业既要注重传授学科知识、培养技能，又要在教育中融入社会主义核心价值体系的内容，引导学生树立正确的世界观、人生观和价值观。如教育家赫尔巴特所说："教育的唯一工作和全部工作可以总结在这一概念之中——德育。"

德育可以分为广义与狭义两种概念，广义概念的德育指的是有计划、有目的地开展社会成员思想道德方面的教育活动，提高每一个受教育者的思想品德水平，每一个社会成员都可以作为教育对象，且包含的教育形式也多种多样，其中主要有社会德育、家庭德育以及学校德育等。而狭义概念的德育则仅指学校德育，学校德育指的是教师根据实际教育要求，有计划、有目的地对受教育者进行思想道德培养，并激发受教育者的积极性，从而使受教育者的思想品德水平得到有效提升。德育就是教育者为了培养受教育者的思想品德而开展的一项教育活动。

通过德育要培养什么样的人？《中小学德育工作指南》中指明我国德育的总体培育目标为"培养学生爱党爱国爱人民，增强国家意识和社会责任意识，教育学生理解、认同和拥护国家政治制度，了解中华优秀传统文化和革命文化、社会主义先进文化，增强中国特色社会主义道路自信、理论自信、制度自信、文化自信，引导学生准确理解和把握社会主义核心价值观的深刻内涵和实践要求，养成良好政治素质、道德品质、法治意识和行为习惯，形成积极健康的人格和良好心理品质，促进学生核心素养提升和全面发展，为学生一生成长奠定坚实的思想基础。"

《中小学德育工作指南》还进一步提出中学阶段的德育目标为"教育和引导学生热爱中国共产党、热爱祖国、热爱人民，拥护中国特色社会主义道路，弘扬民族精神，增强民族自尊心、自信心和自豪感，增强公民意识、社会责任感和民主法治观念，学习运用马克思主义基本观点和方法观察问题、分析问题和解决问题，学会正确选择人生发展道路的相关知识，具备自主、自立、自强的态度和能力，初步形成正确的世界观、人生观和价值观。"这既是学校制订学科思政目标的出发点，又是学校育人的终点。

关于如何开展道德教育，苏霍姆林斯基在《给教师的建议》中有言："任何一种教育现象，孩子在其中越少感觉到教育意图，它的教育效果就越大。"学科思政即是这样一种"润物无声"的教育。学科思政就是把德育内容融入每一个学科中，使每一个学科都包含一定的德育内容，实现各科教学与品德教育相结合。将德育渗透到各科教学中，能够更好地达到双方教育目标。

　　德育渗透主要具有以下特点：间接性特点、隐藏性特点以及潜移默化性特点。间接与直接是相对的，日常生活中人与人交流的时候，往往都不会采取直接的方式来表达自己的想法，而是用委婉的方式去表述。德育渗透所具有的间接性特点，就是指教师在教授学生道德知识的时候，不采用比较直白的道德理论教学方法，说服学生培养高尚的道德品质，而是将道德知识直接融入本学科的教学内容中，通过人物榜样以及典型事例来向学生教授道德知识，使学生在学习学科知识的同时，能够从中感悟到学科知识中所蕴含的道德知识，从而达到道德教育效果，使学生的道德品质得到不断的提高。德育渗透中的潜移默化特点指的是教师在教学过程中，自身的一些言行举止，会对学生们产生一定程度的影响。教师是学生接触最多的人之一，很多学生会模仿教师的行为、语言表达方式以及道德品质。教师要充分利用学生的这一特点，促进道德教育渗透效果的提高。

　　近年来，我国教育工作者对于德育的认识有了显著的提升，但是将"以学科为主体"的教学模式转向"关注学生，在学科教学中渗透德育"的教学模式并非一蹴而就。学校教育中仍存在学科教学与德育机械组合导致学科思政失去了活力，对于学科教学的过分看重导致对学科教学中德育内容的忽视等问题。道阻且长，需要教育工作者行而不辍。

二、学科思政的目标

　　如何打破长期以来思想政治教育与专业教育相互隔绝的"孤岛效应"，是新时代中国学校的重要任务之一。好的思想政治工作应该像盐，但不能光吃盐，最好的方式是将盐溶解到各种食物中自然而然吸收。全面推进课程思政建设更是如此，只有如盐在水，方能沁润心田。

　　在学科思政的实践中，学校特别注重德育教学目标的设计，构建德育目标体系，并强调德育目标在不同年级、不同学科的教学中要相互联系，形成教育合力。组织教师认真分析教材内容结构，根据各学段、各学科特点，分析归纳学科思政的渗透点，拓展学科思政的出发点和切入点，找出每个教学内容涉及的情感、态度、价值观目标。在此之前，学校编著并出版《学科思政教学指南》一书，覆盖中学全学科，涵盖初高中六个年级，对每一个教学内容的德育渗透、融合、实施的出发点和重点做以说明，使任课教师在每章节的教学中都有一个可靠的"抓手"。

具体而言，语文、历史、政治、地理等人文属性明显的学科，重在突出价值引领和优秀传统文化的传承，引导学生自觉弘扬和践行社会主义核心价值观，不断增强"四个自信"。数学、物理、化学、生物等自然科学属性明显的课程，要突出培育学生的科学精神、创新精神，注重把辩证唯物主义、历史唯物主义贯穿渗透到课堂教学中，引导学生增强人与自然环境和谐共生意识、人类命运共同体意识，明确人类共同发展进步的历史担当。艺术类课程坚持以美育人、以美化人，培育健康的审美情趣、乐观的生活态度，注重把爱国主义、民族情怀渗透到课程教学中，帮助学生提高审美和人文素养，树立起文化自觉和文化自信。体育类课程主动与德育相融合，改革体育教学模式，引导学生养成运动习惯，掌握运动技能，发展健全人格，弘扬体育精神。

在上述学科中，语文、政治和历史学科中的德育素材尤为丰富，是开展学科思政的优秀载体和重要阵地。本书将目光聚集这三门学科上，详细阐述学科中每一课的德育目标，以期更好地开展学科思政实践，更好地实现总体育人目标。

叶圣陶先生曾说过："学语文，就是学做人。"语文教学与德育渗透是一个统一的过程，两者互相渗透、密不可分。语文教材中包含着大量的德育素材，蕴含着丰富的传统文化观念、爱国主义素材、古今文人的英雄事迹、社会主义核心价值观等。这就要求语文教师能不漏痕迹地利用课程中的语言文字，潜移默化地对学生进行价值引导和道德熏陶，发挥语文学科"文以载道，教书育人"的功能，培养学生爱国主义情感、民族精神、社会责任感、审美情趣等，做到"润物细无声"。

政治课程孕育着巨大的德育功能，是学校品德教育的核心和重要途径，而要实现育人目标，就需要教师在教学中让政治教学与德育进行有机结合。如在讲到"国体与政体""国家的结构形式"等内容时，培养学生自觉维护祖国主权、领土完整的家国意识，树立国家利益高于一切的政治观念，帮助学生树立自觉维护国家统一的观念，了解"一国两制"的基本国策，把握我国和平统一的政策；讲授"就业与创业""自主创业与诚信经营"等内容时，通过对相关法律法规的讲解，让学生自然而然地理解诚信做人、公平竞争等道德思想。

读史可以明鉴，透过历史，可以得到许多道德启迪。历史人物的光辉业绩能够唤起和激发学生树立爱国的责任感和崇高的远大理想，如北宋范仲淹的"先天下之忧而忧，后天下之乐而乐"。在历史学科教学中还可以开展良好的品德教育 ——诚信教育。对历史事件的记载必须保证其真实性、可信性，历史学科的这一本质就决定了在历史教学中必然要进行诚信教育。教师在教学的过程中可以潜移默化地不断熏陶学生将"可信"转化为"诚信"。还比如历史上有"秉笔直书"的史学传统，有商鞅"竖杆立信"的正面典型，也有"烽火戏诸侯"失去诚信的历史故事，这些都可以促使教师在历史学科的教学中凸显"史料实证""唯物史观"等诚信教育和劝善惩恶的价值取向，这也是落实历史学科核心素养的必然要求。

学科思政就是一种沟通学科教育与德育的有效途径。需要注意的是，当盐溶于食物时，我们便不能单单对盐提出要求，而应该将盐和食物作为共同体提出期望，即充分考虑学科内容特性、制订学科思政目标。

三、学科思政的实践

天津市第二十五中学创建于1952年，前身为天津市第五女子中学，后更名为天津市第二十五中学，曾先后被定为区级重点中学和市级重点中学。学校秉承党旨，坚持以人为本，面向全体，德育为先，全面育人的办学指导思想，以"崇德、尚文、励志、图新"为校训，凝练并确立了"为学生成功人生铺路，为教师专业成长建桥，师生互动共建和谐校园"的办学理念。

1985年，在时任党支部书记、校长张国英的带领下，学校确立了"学科思政"的办学特色，将德育放在学校发展的核心地位。深入开展学科思政实践，落实新课改的要求，全面提高教育质量，形成了学科思政这一鲜明的学校特色。

在课程建设方面，学校通过"校本课程体系构建、自主选学培养个性专长、引入社会资源的多元课程"这三个关键环节，使"学科思政"育人目标融入其中。首先，学校在合理规划国家课程、地方课程和校本课程的基础上，构建了"明理笃行"校本课程体系，围绕"崇德、尚文、励志、图新"校训命名设立了倾向于人文底蕴、价值导向的崇德尚礼课程群；倾向于科学精神、学科知识的尚文明理课程群；倾向于健康体魄、宽广心智的励志修身课程群和倾向于实践创新、责任担当的图新笃行课程群4大门类，17个学习领域84门校本课程，以专兼教师相结合的方式确保实施，以校内外专家组评议的方式确保课程标准，以学生、教师、学校三个维度的评价确保课程质量。其次，借助"云桥"、电子班牌、多媒体教学设备等教育信息化成果的支撑，实现学生自主选学，选课走班，满足学生个性发展，学有专长。

学校编著的《学科思政教学指南》阐述了学科思政的教学策略，并对教学范式的基本式和变式做出了界定。"博学—触思—明理—悟道—笃行"是明理笃行教学模式的基本形态。根据教学的需要，还可以对教学环节和步骤可以进行适度调整，这就是教学模式的变式。明理笃行教学模式在进行学科思政时，就有一点式、多点式、接续式和跨越式等多种变式，如接续式教学，就是指在新授课中，与以前的学习内容，在某一接续点上发生联系，由此引导学生进行一对一或一对多的关联思考，达成对学生情感、态度与价值观的引领。

教育教学管理方面，学校坚持打造并完善"2+2"教学管理模式——以一名教学主任、一名德育主任以及两名年级组长为人员配备的这一模式，通过教学与德育工作的密切配合、主任与年级组长的引领与带动，实现精细化管理。

信息化建设方面，学校自主开发"云桥"网络学习社区，搭建起学生即时学习、通往知识殿堂的桥梁，搭建起家校沟通、即时互动的桥梁，搭建起学校职能部门、教师间管理数据互通的桥梁，互动形成新型和谐的师生关系，使学习成为一种愉快的心路历程体验。2018年，第二十五中学《"云桥"——聚焦学生核心素养助力学生成就梦想》被推选为全国基础教育信息化应用典型案例。

学生生涯规划方面，第二十五中学践行"互联网+双导师制"。所谓"双导师制"，即为每位学生配备一名校内导师和一名校外高校导师。校内导师上岗前，历经高中综合改革政策、NCDA国际生涯规划师以及校本综合改革政策等三轮培训，合格后方可上岗。"双导师制"的另外一环，由天津市知名高校招生办主任和高校生涯规划教师担任"校外导师"。所谓"互联网+"，就是借助"云桥"的优势与潜能，为导师、家长、学生搭建互动空间，三方随时随地沟通。围绕规范教育、创新进取、大学游历、企业考察四大方面，学校还开展了丰富多彩的社会实践课程与义工志愿服务活动，帮助学生了解社会、开阔视野，提升学生综合素养。

师资建设方面，学校于2016年提出"人才培养提升工程"，借助市、区教研员和专家学者的优势资源，在学校内部深挖潜力，发挥优秀凝聚、辐射、指导、智囊和先驱作用，促进青年、骨干教师有效成长，推动整体教师队伍建设。为进一步彰显学校名师的辐射和引领作用，学校还为特级教师肖峰成立"名师工作室"。三年的实践过程中，"人才培养提升工程"已逐步延展到跨学科、跨学段领域，使第二十五中学培养的名师能够成为支撑学校人才队伍建设的强力保障。

在全体师生的共同努力下，学校取得了卓越的办学成效，被中央文明办评为全国未成年人思想道德建设先进单位，也先后被教育部评为全国中小学德育工作先进集体、中国基础教育十大杰出机构、中国特色教育十大杰出机构、中国素质教育先进示范校、国家"十五""十一五"规划德育科研先进实验学校、天津市文明学校、天津市实施《中小学生日常行为规范》示范学校等，办学质量得到广泛认可。

路漫漫其修远兮，吾将上下而求索。学科思政育人的路很长，但我们会不忘初心，勇往直前。

总论／

薪火相传，屡践致远：学科思政教学经验分享

　　2019年8月，中共中央办公厅、国务院办公厅印发了《关于深化新时代学校思想政治理论课改革创新的若干意见》，要求"整体推进高校课程思政和中小学学科德育"，学科思政和学科德育再次成为教学改革的重要课题。学科思政以主要研究中小学思想政治课的教育、教学和教改为主，包括思想政治课的教学内容、教学方式、教学体系改革，思想政治课改革与学生素质教育的推进，思想政治课学习的理论与方法，思想政治课教学案例分析，思想政治课教材教法研究等，旨在深入挖掘学科蕴含的精神价值和育人资源，全面创新"三全育人"落实机制，提升思政工作质量。在长期办学过程中，天津市第二十五中学形成了优秀的学科思政育人传统，积淀了深厚的学科思政文化底蕴，形成了丰富的、特色的、多学科的教学经验。

第一部分：构建思政同心圆，助力实现中国梦

　　作为学科课程的价值追求，学科思政一直与教育教学改革相伴相生。新时代，学科课程和教学更加凸显内在的人文精神、科学态度、道德品质的育人价值，把政治认同、文化自信、爱国主义作为教育教学的应有之义。在教学中不仅要

传授学科知识、学科技能，还要把政治理论、品德教育渗透进教学中，如下将从教学空间、课程建设、单元教学、作业设计、活动探索等角度进行解析。

思政教学空间："一室三中心"的构建

以思政学科教室为载体，创新大中小一体化思政研学教育基地建设

教育部等部门印发了《关于进一步激发中小学办学活力的若干意见》，明确指出要以习近平新时代中国特色社会主义思想为指导，全面贯彻党的教育方针，落实立德树人根本任务，大力发展素质教育，培养德智体美劳全面发展的社会主义建设者和接班人。思政课作为落实立德树人根本任务的关键课程，一直以来受到总书记的高度重视，并多次发表重要讲话。

为全面落实总书记的讲话精神，学校与天津大学马克思主义学院、天津市南开区中心小学共同组成了大中小一体化思政课研修共同体，以思政学科教室共建为载体，构筑基于校内的大中小一体化思政学科研学研教师生共同发展成长的实践基地，致力于将思政学科教室打造成兼具"一室三中心"功能的品牌思政实践阵地，即基于党员干部教师提升党性修养的"党建活动室"、基于大中小一体化思政教师专业成长的"研修中心"、基于大中小一体化学生发展的"教学实践中心"、基于家长、社区与学校融合发展的"共建中心"，推进学校思政基地的创新实践，延展学校思政基地面向家长、社区的辐射功能，助于教师专业成长和思政课教学育人目标的有效达成，彰显思政教学在党建引领方面的实践创新能力。

一、聚焦强化党性修养、宗旨意识，打造根植于教学一线的党建活动室

学校党委下设4个分支，15个党小组，依托于设立在初高中6个年级组的六间"思政学科教室"，分别与党委、分支、党小组相对接，确立为校党

委、各分支、各党小组的党建活动室，经常定期在对应的思政学科教室内开展"三会一课"、学习交流研讨、主题党日等党建活动。同时有针对性地根据党建活动内容，与思想学科教室各俱设计特点的主题相结合，进行动态活动开展，切实发挥思政学科教室环境氛围营造下党建活动效能的提升促进作用，发挥年级思政学科教室的教学一线阵地作用，强化党建阵地堡垒建设。

党建带动团建工作是在新时代进一步加强和改善党对青年工作领导的时代需求。学校党委充分发挥思政学科教室的阵地作用，将面向学生团员、少先队员丰富多彩、形式多样的实践教育活动引入其中。学生团课、党章学习小组、专题讲座、法治演讲比赛、课本剧等内容都搬到了思政学科教室中，增强了活动实效性，提升了学生综合素养。

校党委在思政学科教室开展了党员教师投身德育导师制活动，要求每一名党员教师要常态化跟踪联系一名特殊学生，在思政教室的温馨空间里开展有针对性、个性化和亲情化的教育引导工作，让党员教师成为学生理想信念的引导者、学习方法的指导者、兴趣特长的挖掘者、生活困难的扶助者、习惯养成的督促者、自尊自信的鼓励者、恒心毅力的培养者、人际交往的协调者，将"党建中心"的效能延展到学生的发展成长中去。

二、聚焦强化师魂师能、德业双馨，打造大中小一体化思政教师研修中心

（一）构建大中小一体化思政课跨学段教师交流研讨的平台

通过依托思政学科教室定期召开大中小跨学段思政教师座谈会、研讨会、学习交流会，助力于推动各学段思政课教学育人策略和教学内容的衔接，深化落实教育部等部门印发的《关于加强新时代中小学思想政治理论课教师队伍建设的意见》。结合各年龄段学生特点，围绕育人目标和教学内容，在活动设计、教学设计上进行互相学习借鉴，促进思想政治育人效果的良好达成；在教学方式、教学方法上进行深入探讨交流，促进学科教学效果的良好达成；在教师研修、课程拓展上进行互助指导，促进教师师德师风与专业能力的共同提升。

通过依托思政学科教室开展大中小教师的跨学段大教研、大集备活动，以课堂教学的实践环节为主线，深化课堂教学育人能力和学科教学能力的提升。聚焦课前备德育目标达成、备学情特点、备教材要点、优化重难点预设等关键点开展课前研讨；聚焦课中优化教学设计、育人目标和学科教学效果的有效达成开展课堂教学模拟演练；聚焦课后教学评价、教学反思、学情反馈进行教学设计再优化、再总结，进而达到举一反三的效果，有助于拓展应用。同时将教学常态化监测与课堂教学链接进行深度融合，实现育人目标与教学研教、研测目标双达成、双促进的思政教师课堂教学实践探究。

（二）构建大中小一体化思政课课堂展示交流的平台

聚焦思政学科教室的课堂教学功能，定期大中小一体化思政教师课堂教学展示课、研讨课、公开课交流活动。以课堂教学实操交流进行实践研究，深化大集备、大教研后的实践落实，将集备教研成果转化成教学实践案例，促进理论研讨在实践教学中的深化落实，助力于教师实践能力的有效提升。

三、聚焦强化培根铸魂、启智增慧，打造大中小一体化学生课堂教学实践中心

（一）浸润式环境育人理念下的思政学科教室设计，发挥氛围营造在育人成效上的积极作用

思政教室是浸润式思政课教学实践的重要基地，为达成基于学生思想政治育人目标、学科专业知识能力以及开展丰富多彩的教学活动创建良好的环境。在思政学科教室的环境育人效果设计中，我们努力做到"三结合"，即环境设计与党的思想引领，根植学生爱国主义精神和红色基因相结合，将伟人画像、伟人介绍、口号标语融入其中，将伟人书籍、党的知识书籍陈列其中；环境设计与思政学科年级教学知识相结合，将知识要点以思维导图的方式展示其中，将学科知识丛书陈列其中；环境设计与学生成长年龄心理特点

相结合，围绕小学、初中和高中学段学生心理成长特点从配色色调、设计风格、布局规划等维度确定不同主题风格的整体设计方案，以达到与学生心理特点相匹配，实现具有感染力的积极正向引领作用。通过"三结合"设计思路切实提升了思政学科教室针对不同年级学生心理特点、学科知识内容的多维度环境浸润式育人效果。

（二）极具思想性、时代性、发展性的课程育人和活动育人设计，发挥大中小一体化思政学科教室的育人主阵地作用

为深化落实新时代思政课育人目标，以新编教材为指引，以新课标对学生核心素养、关键能力的要求为指针，聚焦新时代思政课思想性、时代性、发展性课堂教学目标，广泛开展面向学生的课堂教学实践。邀请天津大学专家与学校共同从课程育人和活动育人的维度，基于学生年级分布，在思政学科教室开展常态化思政课教学实践。

思想政治教育的课堂不是一个人或者一部分人的课堂，而是全部学生都要"浸润"在知识的海洋里遨游其中，都要在立体式教学环境的创设下身临其中，都要在体验式的教学活动设计中感悟其中，让学生思想融入、知识嵌入后最终形成价值认同和行动自觉。

四、聚焦强化家校共育、社会融通，打造共育共建，互融互通的家、校、社区共建中心

家校共育，与社区共建，是构筑全方位学生健康成长的重要内容，是充分发挥学校育人延展效能的有效途径。为此，学校立足思政学科教室，将家长学校搬到了思政学科教室里，在其中进行家长培训和相关指导，让家长身临思政学科教室的环境氛围中接受学生培养方法的指导对心灵的洗礼，创设家校共育的新载体。在社区活动中因地制宜地在思政学科教室开展系列活动，将面向社区的党建宣传教育活动引入其中，既彰显思政学科教室浓郁的思政教育功能，又服务于社区百姓，延展学校共建智能。

在与天津大学马克思主义学院、天津市南开区中心小学共同组建的大中小一体化思政学科教室共建基地工作中，聚焦"一室三中心"功能创新工作机制，开拓工作方法，以大思政观为宗旨，立足学校思政学科教育主阵地，面向校内服务于党员干部教师的党性素养提升、服务于思政学科教师的专业成长、服务于全体学生价值观指引与知识能力学习；面向大中小一体化共同体延展与大学和小学师生的健康成长发展需要和学段的衔接融合，资源共享；面向社会拓展到家庭教育和社区共建的功能延伸，最大限度发挥思政学科教室的基地作用。推动大中小一体化思政学科教室基地成为落实立德树人根本目标的重要教育实践载体，成为社会和谐、健康发展进步的融会焦点，将以思政学科教室为思政教育工作主阵地的育人功能与社区服务功能有效融合，广泛实践，深度探究。

思政单元教学：大单元视角下的高中思政课有效教学策略探究

近年来，对"大单元教学"的教学思考和教学实践越来越引起人们的注意。在高中思想政治课教学实践的探索中，许多思政课教师会基于新课程标准，针对高中生学习的不同阶段，对教材内容进行重新解读和整合，建立新的学习单元。笔者从如何梳理大概念体系、如何设置课堂教学情境、如何精选综合型例题三个维度探索高中思想政治课大单元教学的有效策略。

一、构建大概念体系，厘清整体脉络

叶澜教授在《新基础教育》中提出："教给学生的结构性知识是最有价值的知识，是学生主动学习的工具。"大单元教学可以使知识更具有结构性、系统性，其侧重于整体系统性设计，它要求教师围绕本学科大概念，对教学的各个方面、各个层次以及各个要素进行统筹规划。因此，在大单元教学时，要注重内容整合，以大概念为统领建立全方位多角度的紧密大概念体

系，以此从宏观上把控教材知识体系，实现大单元的思维导图。

（一）运用正向思维，依据教材编排建构知识框架

例如，以高中思想政治必修2《经济与社会》中第二课为例，将"我国社会主义市场经济体制"凝练为大概念，结合新课程标准的"内容要求"和"教学提示"，本课教学内容可细化为"市场""政府"两个二级概念。而每个二级概念又可以细化为三级概念，即市场分为市场调节、市场体系、市场缺陷三级概念；政府分为政府的经济职能及作用、政府的宏观调控三级概念，由此构成一个由大概念统领的横纵关联的概念群。通过建构概念群有助于高中生把握学科知识的统整性和综合性。（如下图所示）

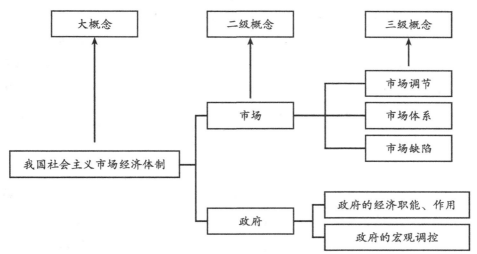

（二）应用创新思维，以题促学重构知识体系

除了可以按照教材顺序整合知识，也可以打破思维定式，在科学原则的前提下对知识之间的关联性进行重新组合。例如，对必修2进行了知识的重构。题目是运用《经济与社会》的相关知识，说明我国实现共同富裕取得实质性发展目标的可能性。这道题从制度基础和物质基础两个层面分析可能性。笔者突破了单元限制，提炼出三个经济制度、发展、社会保障三个大概念，三个经济制度又细化为生产资料所有制、分配制度、社会主义市场经济

体制三个二级概念，发展又分为发展思想、新发展理念、高质量发展、发展格局四个二级概念，社会保障又设社会保障作用、社会保障内容、社会保障措施三个二级概念。通过概念群把必修2零碎的知识加以系统化，便于学生理解和加深记忆，同时也能更好地落实学科核心素养的培养——科学思维的培育。

二、创设一体化情境，建立活动型课堂

高中思想政治课程是落实立德树人根本任务的关键课程，《普通高中思想政治课程标准（2017年版2020年修订）》强调，高中思想政治课程是"帮助学生确立正确的政治方向、提高思想政治学科核心素养、增强社会理解和参与能力的综合性、活动型学科课程"。情境作为连接学科内容和生活实际的桥梁，是组织大单元教学不可或缺的要素之一，也是建立活动型课堂的重要载体。教学情境的设计要将单元教学置于统一的场景中进行整体设计，从而为学生的学习活动提供探究来源。如何做到教学情境的一体化，需要坚持以下两个原则。

（一）坚持创设情境的主题化

情境贯穿于大单元教学过程的始终，情境一体化有利于学生对知识的系统性接受。但是，要求情境一体化并非只能有一个情境，而是要求创设的情境具有一个鲜明主题，避免情境设置的杂乱无章。以必修1《中国特色社会主义》中"实现中华民族伟大复兴的中国梦"为例，笔者以"桥"为主题创设教学情境。通过"赵州桥"引发学生思考并举例中国曾经创造的辉煌成就，通过"卢沟桥"回顾中华民族自近代以来经历的前所未有的苦难。通过港珠澳大桥艰辛修建的过程，分析出人民是中国梦的创造者。通过设问港珠澳大桥开通后，给我们带来了什么影响，引导学生感悟人民是中国梦的享有者。通过港珠澳大桥具体修建设想和计划的第一人——胡应湘的事例，让学生明白早在1983年，胡应湘就提出了《兴建内伶仃洋大桥的设想》，但是由于经济、政治等社会原因，个人心愿并未实现，直到2018年10月港珠澳大桥才开通。通过此情境，让学生明白个人梦的实现需要国家、社会提供机会和平台。通过非洲第一大悬索桥、中马友谊大桥这两座由中国援建的大桥，让学生从中国梦和世界梦的关系角度分析中国梦的特点。此情境的设计让学生懂得了中国梦是和平的梦、发展的梦，是奉献世界的梦。情境多但不乱，因为所有情境皆是围绕"桥"这一主题而设立。

（二）坚持创设情境的连续化

大单元教学中，构建连续化、系列化的教学情境，不仅有利于知识教学的系统性、整体性，而且有助于引导学生在活动体验中提升学科能力，培养学科思维。以选择性必修2《法律与生活》中"自主创业与诚信经营"为例，学生们以"我想创业"为题，讲解企业开办程序，进而设计"搭便车""虚假宣传"等情境，引导学生探究如何经营企业。从如何"创立"企业到如何"经营"企业，情境设计符合知识逻辑、生活实践逻辑。此情境活动具有连贯性、接连性，使本课琐碎知识不再割裂，而是更具有条理性、有序性、整体性。

三、精选综合型例题，融会贯通单元知识

高中思想政治课的教学内容容量较大且涉及的领域广泛，政治、经济、哲学、文化、法律、逻辑等内容都有涉猎，这无疑增加了学生的学习难度。如何将分课时的零散知识进行系统化掌握，精选精讲综合型主观题是掌握单元主干知识的有效途径。例如，高中思想政治选择性必修1《当代国际政治与经济》第二单元"世界多极化"的内容较多，涉及国际关系的决定性因素、时代主题、我国外交政策等高频考点知识。学生分课时能较好地掌握这些核心知识，但是综合能力不强，做主观题时容易遗漏知识点。这就需要精选精练综合型典型例题训练单元知识。以下是笔者在讲授这部分内容时，挑选的例题：

疫情之下，全球贸易和投资活动持续低迷。在此背景下，我国继续实施自贸区提升战略，积极拓展经贸合作"朋友圈"。2020年12月30日，如期完成中欧投资协定谈判，惠及全球近四分之一人口；2021年1月1日，《中华人民共和国政府和毛里求斯共和国政府自由贸易协定》生效实施；同日，我国与蒙古国相互实施在《亚太贸易协定》下的关税减让安排。一系列贸易和投资协定的签订与实施将为中外企业带来更多的投资机会，也将有力拉动后疫情时期世界经济复苏，为构建开放型世界经济作出重要贡献。结合材料，运用"世界多极化"的知识，分析我国积极拓展经贸合作"朋友圈"的原因。

这道题目具有代表性和综合性。首先，范围明确。"世界多极化"是单元标题，因此要综合运用第二单元的知识进行回答。有的学生会误认为仅仅是第三课范围（第三课标题是"多极化趋势"，因标题相似而混淆），范围缩小导致出现书写知识点不全的问题。因此，提醒学生认真审题注意设问范围，区分单元标题和课标题。其次，材料与单元知识对接紧密。比如，材料中"将为中外企业带来更多的投资机会""拉动后疫情时期世界经济复苏"对接"国家利益是国际关系的决定性因素""和平和发展是当今的时代主题"等核心知识。最后，覆盖全面。基本涵盖了第二单元三四五课的核心主干知识。

在例题的讲解中，要注意对学生的引导，重点讲授分析材料的方法，提高学生分析问题，综合运用单元知识的能力。精讲之后，可以再找类似题型让学生练习，达到举一反三的效果。例如，课后笔者布置了相关习题：运用世界多极化的相关知识，分析我国积极推动RCEP（区域全面经济伙伴关系协定）协定签署的依据。

习近平总书记在中国人民大学考察调研时强调："思政课的本质是讲道理。"讲道理不能抽象化、教条化，通过构建大概念体系、创设一体化情境、精选综合型例题等路径推动高中思想政治课提高课堂教学有效性，把道理讲深、讲透、讲活，从而帮助学生更好落实思想政治学科核心素养，引导学生增强中国特色社会主义道路自信、理论自信、制度自信、文化自信。

思政课一体化：大中小思政课一体化的概念衍化与实践路径

大中小学思政课一体化的建设是根据思政课存在课程内容碎片化与系统性之间的张力、课程目标学段倒置、思政教师供给差的现实问题背景而提出的，具有创新性的改革，具有深刻的现实意义和理论意义。笔者通过探究大中小思政课一体化提出的背景和衍化过程，并从内容、目标、教师队伍三个方面提出关于思政课一体化建设的路径。

一、大中小思政课一体化的现实背景

（一）教学内容的独立性与系统性之间的张力

当前，大中小学思政课的教学内容之间有明确的边界，容易忽视知识的衔接性以及上升性。同时，思政课的学习又要求具有系统的知识体系，各学段之间要有机衔接、相互贯通。因此，它们之间产生了一种矛盾和张力。

教学内容的独立性会产生一种结果，即所学的一部分内容可能会简单机械的重复，为了保持知识的完整性，在上一个学段学过的内容到了下一个学段又学一遍，虽然结构和形式发生了改变，但是一些概念、论述还停留在原来的维度上，知识之间没有实现有机的衔接。比如在高中时教师会说的一句话："这些你们在初中应该是学过了。"但实际上并不是所有的学生都学过，而教师认为学过了，那这个知识点他可能就会略讲，最终造成有些学生因为知识点没掌握而跟不上教学进度。思政课程的简单重复，会造成教学资源的浪费，学生对于没有新鲜感的知识也会觉得枯燥，影响课堂效果，进而会影响学生内在的德育衔接。

（二）教学目标与学生认知规律不匹配

认识过程总是由浅入深、由易到难、由具体到抽象的。思政课的学习也

是这样，小学到初中到高中再到大学，每个阶段的认知水平是不一样的，只有根据学生的认知情况设置课程目标，才能达到最好的教学效果，但是大中小思政课有时会出现教学目标和学生的认知水平不匹配的情况。

比如说在初中阶段，学生对于教材中的我国现阶段主要矛盾的理解问题：学生要理解主要矛盾是什么意思，还要理解什么是不平衡不充分，如果某些学校或者地区的思政教师在教学形式上不是用具体的实例来进行教育，而是死板地按照教材来讲授，最终学生为了应付考试只能死记硬背，根本理解不了主要矛盾的内涵，教学目标也无法实现。

（三）教师队伍数量和结构不匹配

教师是教学过程中的重要主体，但是目前在各个学段，思政教师的数量和质量都无法满足教学的需要。

从教师队伍的数量来看，师生比达不到国家的要求，甚至有些思政课教师由语文教师或者班主任兼任，这不仅是因为思政课没有受到重视，更是因为思政教师的供需失衡。

从教师队伍的质量来看，优秀的师资力量总是会集中在少数的学校，形成虹吸效应。有调研说明，大概有78.05%的中小学思政教师不是思想政治教育专业的，同时教师队伍年龄偏大，对新的教学手段的接受能力较差、讲课枯燥、流动性大，这些都是教师队伍面临的问题。

二、大中小思政课一体化的理论依据

（一）"一体化"的概念

事物发展的一个过程，是由相互联系但是又相对独立的事物之间建立系统化、体系化的联系，并逐渐转化成相互贯通、有机衔接的共同体的过程。

（二）大中小学思政课一体化的提出及相关政策文件

大中小学思政课一体化改革最初的苗头是从教育部在2013年提出了"大中小德育课程一体化建设研究"开始的，德育一体化和思政课一体化都是关于思想政治教育的内容，不同的是思政课一体化建设是对德育一体化的升华和细化，是根据时代的需要提出的新命题。

2019年的学校思想政治课教师座谈会正式开启了大中小思政课一体化建设，座谈会之后中共中央印发了《关于深化新时代学校思想政治理论课改革创新的若干意见》，这是思政课改革过程中的重要的文件，标志着思政课一体化改革的正式开启。

三、大中小思政课一体化的实践路径

（一）统筹规划课程内容，有机衔接课程目标

思政课对于学生的价值观的引导、道德素质的提升有着重要的作用，课程内容以及教学目标的设置更是重中之重。课程内容和教学目标涉及诸多方面，必须进行顶层设计、统筹推进，否则就是一盘散沙。要实现每个阶段的思政课教学目标，必须从以下方面着手：

第一，统筹规划大中小思政课，做好顶层设计，使得每一个阶段的所学的内容跟本阶段学生的认知水平是相匹配的。如《深化新时代天津学校思想政治理论课改革创新的若干举措》从天津市的高度上为思政课一体化建设作出了总体的规划。

第二，使课程内容相互衔接，让学生能够轻松掌握知识，打牢基础的同时开阔深度，拓宽视野，不会因内容的简单重复而感到枯燥，这就必须规划好每一个学段的衔接处的教学内容。以天津市第二十五中学为例，通过联合本校内部的各个年级，尝试建设"纵向一体化"的思政课堂，将各个学段用"生命与人生"这一主题贯通起来。

（二）丰富思政课程形式，推动课程思政发展

思政课程是指思政教学学科内的交流，课程思政是指跨学科的交流。在不同学段的思政教学中，可能会遇到已经学过的相同的内容和理论，但是同样的理论教给不同阶段的学生的时候，就要采取不同的形式，以便于他们更

好地理解和接受。

比如天津市就开始了课题引领下的大中小一体化改革，天津市第二十五中学在初中课堂中融入脱贫攻坚的内容；成立思政课一体化教研组，每个学期录制示范课，供思政教师进行参考学习；利用多样化的时政内容作为对课程内容的补充，这样不仅能够加深学生的理解、丰富课程内容，而且还可以培养学生关注社会的意识。

除了成立教研组之外，还可以在实践中进行教学。比如天津市第二十五中学通过开展探寻红色遗迹，感受自强不息的中国精神活动，将校内课堂拓展延伸至校外课堂，让学生在亲身实践中更好地培养爱国情、报国志。

（三）缩小教师"供给差"，打通学段联系

虽然在教学过程中教师和学生都是主体，但是教师起到了一个引导的作用，办好思政课，关键的是要建设好教师队伍。应该在教师队伍的数量和质量着手，减少思政教师的"供给差"，同时提高思政教师对思政教学改革的积极性和主动性，主动和其他学段、其他学科的教师进行交流，使得各学段学科相互贯通。

打通学段联系并非要求教师采用同样的教案、同样的风格、同样的教学模式，而是要在发挥教师个人特质的基础上，推动各学段教师的教学内容相互贯通、分工协作，共同促进学生的思想政治素养的提高。目前有很多的网站可以供教师相互交流，各个学校应实现教学资源的共享，教师要主动向优秀教师学习，同时对教师在教学过程中遇到的问题要及时收集和解决。

学校通过依托思政学科教室定期召开大中小跨学段思政教师座谈会、研讨会、学习交流会，助力于推动各学段思政课教学育人策略和教学内容的衔接。结合各年龄段学生特点，围绕育人目标和教学内容，在活动设计、教学设计上进行互相学习借鉴，促进思想政治育人效果的良好达成；在教学方式、教学方法上进行深入探讨交流，促进学科教学效果的良好达成；在教师研修、课程拓展上进行互助指导，促进教师师德师风与专业能力的共同提升。

大中小学一体化建设具有必要性，是新时代的新命题，答好这份答卷，需要大中小学共同努力，根据各个学段学生的不同特点，分阶段循序渐进地传授知识，同时要注意知识和思想的一贯性，避免出现前后不一的情况。这就要求相关部门进行顶层设计，合理规划思政课教学的内容、目标以及培养素质优良的思政教师队伍。

思政作业设计："双减"背景下中学政治作业设计的思考与实践

2021年7月，中共中央办公厅、国务院办公厅印发《关于进一步减轻义务教育阶段学生作业负担和校外培训负担的意见》，明确提出：全面压减作业总量和时长，减轻学生过重作业负担。完善作业管理机制，合理规范案件结构，分类明确案件总量，提高案件设计质量，加强案件结案指导。"双减"政策下，有减有增："减"的是任务数量，"增"的是任务设计质量。提高作业质量，加强学生作业管理，是缓解学生学习和作业压力，促进学生身心健康发展的重要举措。

推进"双减"政策，是对一线教师的重大挑战和考验，也是难得的机遇。作为德育工作的中心主体，中学思政课教师要积极优化作业设计，使作业更加生动，丰富作业形式，设计具有学科特色的作业，不断提高作业质量，真正做到学生专注于自己的时间，拥有选择和发展的空间。

一、"双减"背景下作业管理的积极意义

（一）有利于落实素质教育，促进学生身心的健康发展

传统教育模式下，很多科目的作业都是在题海战术下进行，这种情况下，学生学习任务繁重，学习压力大，在某种程度上违背了学生的身心发展规律。通过对作业的管理，促进作业提质增效。

（二）有利于促进教师的专业化发展

教师是教学过程的主导者，是落实"双减"政策的主体。教师的教学理念、教学能力、教育经验都会对作业的设计无形之中产生影响。"双减"减的是作业的数量，减的是学生的学习压力，但不减的是对教师的要求，甚至对教师提出了更高的要求。作业的设计过程也是教师自我发展、自我提高、自我成长的过程。

二、"双减"背景下中学政治作业设计的思考与实践

（一）突出学科优势，彰显学科特色

不同学科具有不同的特点特色，就中学政治学科而言，其最大的特点就是属于一门德育课程，在落实立德树人任务中占据核心位置。因此，在设计作业时，不能仅仅停留在知识层面，要让课后作业成为落实立德树人任务的得力助手，成为学生扣好人生第一粒扣子的有力抓手。

例如，在讲授必修3《政治与法治》第二课"始终坚持以人民为中心"这部分内容时，如何更好地让学生感受党的初心和使命，让学生明白党全心全意为人民服务的宗旨，通过空洞地讲授往往难以取得理想的效果。对于本节课的课后作业，我采取的形式是让学生阅读《习近平的七年知青岁月》中"群众需要什么，近平就干什么"这部分内容，结合所学内容写一篇观后感，字数在300字左右。通过阅读书籍、写观后感，学生可以更好地从国家领导人的自身经历中感受党为群众办实事、全心全意为人民服务的宗旨，更好地落实学生的政治认同核心素养。

（二）基于生活，高于生活，突出生活性

社会存在决定社会意识，任何一个学科归根到底都是对我们现实生活反映，思想政治课也是与我们现实生活紧密相关的课程。通过近半年的思想政治课教学工作，发现一部分学生对政治学科学习的积极性不高，很重要的一个原因就是理论性太强，讲授内容与学生的生活距离太远。课后作业如果能

够将学生的现实生活结合起来，不仅能够激发学生的学习兴趣，而且能够帮助学生更好地理解理论知识，培养学生理论联系实际的能力。

例如在讲解"共产党员的先锋模范作用"这部分内容时，通过结合天津市疫情防控工作，让学生寻找自己身边的党员先锋，通过采访等方式让学生近距离接触这些优秀党员，通过亲身感受，让学生体会党员的先锋模范具体有哪些体现，更好地理解党员先锋作用的内涵以及对中国共产党保持自身先进性的重要作用。

（三）因材施教，作业设计要有针对性、层次性

思想政治课的学习主要分为识记、理解、运用、综合运用四个层次，在作业设计上应该分为"基础作业+提高作业+探究作业"。作业设计中基础和提高作业是必有的部分，探究作业可以在某一单元教学结束或者某月教学结束以后布置。

不同的学生有不同的学习方法和学习能力，为了让所有学生在作业中取得知识和进步，需要兼顾学生的心理实际和所获得的知识，坚持分层、差异化的原则，根据学生的实际情况，设计适度的作业。根据学生作业的现状，适应不同的学生不同要求。

（四）利用发散思维，创新作业形式

传统的作业形式主要以书面作业为主，这种作业形式最为传统和常见，但同时对学生的吸引力也较弱。"双减"政策下对作业设计的要求越来越高，创新作业的形式就是其中之一，例如设置实践类作业、体验类作业、探究性作业等，不同作业有不同的要求，在时间限制、学生合作等方面都要有精心的设计。全敏、王玲、陈朝晖在《主题性作业设计——以初中道德与法治"听身边人讲述'我与党的故事'"为例》就以建党百年为背景进行主题性作业设计。

例如在讲解我国的政党制度《中国共产党领导的多党合作和政治协商制度》这部分内容时，我设计的课后作业为让学生进行角色扮演，通过调查，

搜集资料，了解天津的发展现状，就经济、政治、教育等某一方面为天津市人民政协提出议案。这种形式不仅可以调动学生的参与兴趣，而且能够培养学生关注本地发展的责任心，培养学生对中国特色社会主义制度的认同感。

（五）重视作业评价，给予鼓励支持

评价活动是开展教育和课堂活动，完成课外作业设计的重要环节，当学生能够切实感受到教师的积极评价，才能继续充满信心和热情地参与学习和研究活动等。积极参加相关的活动学习活动，提高自己的学习主动性，有效优化学习效果。

无论作业的形式或类型，如果教师能够关注学生的评价，就意味着教师非常重视学生的学习。如果教师能够用积极的语言来鼓励和支持学生，让学生能够有效地感受到教师的认可和鼓励会产生源源不断的参与学习的热情。

民族复兴，育人为本。"双减"是国家立德树人、坚守教育本质的初心。它不仅是对我国教育格局的重大调整，更是教育观念的大变革。对国家发展、社会进步、学生成长都意义深远。

作为思政课教师，要适应"双减"政策的新要求、新举措，想方设法提高课堂教学质量，努力打造高效课堂；围绕精简作业设计，全面提升学生素质，使教育取得成效。

思政活动探索：中小学开设德育主题活动课的实践探索

一位学生问古希腊教育家、哲学家苏格拉底："怎样才能成功？"苏格拉底说："我带你做个试验，你感受一下。"于是，苏格拉底带这个学生走到河里，把学生的头按到水中，过了不到一分钟，学生已憋得受不了，全身猛地向上一拱，头露出了水面，苏格拉底问学生："有什么感觉？"学生说"水下没有空气，快把我憋死了。" 苏格拉底说："这就对了，当你对成功的渴望像需要空气一样时，你离成功就不太远了。"如果学生问我们现在的老师："怎样才能成功？"我们的老师就会给他讲："要想成功就要从小事做起，要想成功就要有奋斗目标，要想成功就要刻苦学习等一番道理。"显然，两种教育方式是不同的，前一种是用体验的方式让受教育者去领悟，教育者再加以引导；后一种是用语言传授的方式让受教育者去接受。在传统主题班会中，基本是以后者的教育方式为主。即使表面形式上是学生在演讲或发言，实际上学生说什么与怎么说都是按教师的旨意进行，只不过是将语言传授换了一种形式罢了。

长期以来，中小学班主任利用主题班会对学生进行德育取得了一定的效果，特别是在帮助学生掌握道德知识方面发挥了积极的作用。但传统的主题班会存在着明显的缺陷，即教育方式与学生道德学习方式还有不相吻合的方面。人类道德的学习可分为道德事实知识的学习、道德规范的学习和价值、信念的学习三种形式。在这三种道德学习形式中，前者属于认知性学习，而后两种则基本上是情感体验性学习。认知性学习十分重要、不可或缺，但情感体验性学习同样不可或缺，甚至更为重要。其实，中小学班主任利用班会对学生进行道德教育，重点是进行道德规范的教育和价值、信念的教育，而传统主题班会缺乏的正是与学生后两种道德学习相匹配的"体验性"教育方式。

我们重点研究改进传统主题班会，为了凸显以体验为核心的知情意行整合的教育方式，我们将"主题班会"改为"德育主题活动课"，并在小学、中学各一所学校实验，在总结实践经验的基础上，逐步形成了德育主题活动课的课型，并向全区中小学推广。

一、对德育主题活动课的诠释

德育主题活动课是指班主任依据社会需要和本班学生成长需要，遵循学生身心发展规律和思想品德规律，有主题有目的有计划地组织学生开展道德学习活动的一种课程形式。德育主题活动课不以传授系统的道德知识为主要任务，而是强调通过各种活动，让学生在活动中感悟，丰富或调整原有的认知结构，探求在具体情景下的最佳行为方式。

它与传统主题班会有什么区别？德育主题活动课是在对传统主题班会扬弃的基础上形成的一种新的课型。从不同的角度看，两者有如下具体区别：

课型 比较角度	主 题 班 会	德育主题活动课
教师角色	灌输者、操纵者、控制者	设计者、组织者、引导者
学生角色	接受者、表演者、被控者	参与者、体验者、发现者
教育出发点	社会期望及学生认知水平	学生生活经验及精神需求
教育方式	侧重于外在给予	侧重于内在生成
学习方式	侧重于认知学习	侧重于体验学习
课堂活动过程	预设方案的不变流程	预设方案与动态生成相统一的过程
受教育者心理活动特点	以听讲和记忆为主的认知活动	以体验为基础的知情意的综合活动
教育效果	丰富学生的道德知识	提升学生的道德素质

二、德育主题活动课的操作流程

（一）课前准备

1.确定主题和目标

主题的确定来源于社会需要和青少年成长的需要，主要考虑三个方面，一是根据社会对人才素质的要求确定的教育内容，如爱国主义教育、理想信念教育等；二是根据学生身心发展和成长中遇到的共性问题，如学习问题、交往问题等；三是根据当前本班学生最需要解决的普遍问题，如班级在运动会上没有取得好的名次，大家垂头丧气，及时进行战胜挫折的教育。教育主题确定后就要确定教育目标，教育目标对教育活动起着导向作用和聚焦作用，目标的制订要具体可行，如"战胜挫折"的教育，目标可定为：缓解学生沮丧的情绪；帮助学生从挫折中汲取教训；提高学生自信心。

2.备题目

题目是主题的集中反映。有些题目明确表明教育目的和教育的价值导向，如"民族精神代代传""为中华崛起而读书""孝心献父母"等；有些题目将教育目的和教育的价值导向隐藏起来，以游戏或活动的题目做活动课的题目，如"盲人背瘸子""逃生"。这种题目使学生不受教师价值导向的暗示，在活动中更容易表现真实自我，畅谈自己真实的感受，不露教育的痕迹，在不知不觉中受到教育。有些题目从学生的角度设计，如"我欣赏的男生女生""你勇敢吗"。这类题目使学生处于当事者的位置进行思考。

3.备活动内容、形式及过程

这一部分是准备工作的关键环节。因为，好的活动设计能够激活存储在学生大脑中的相关经验，能够使学生的心理活动得以显现，能够发挥学生的自主性、能动性和创造性；能够有利于学生学会沟通、学会合作、学会处理关系。其中，教育内容是教育主题的展开。活动形式的确定主要考虑以下三个方面：第一，形式为内容服务，要体现教育性；第二，符合学生年龄特征；第三，能够吸引学生注意力和调动其参与的积极性。具体活动形式主要有：游戏、情景短剧、观摩电视短片或动漫片、角色扮演、叙述一件事情或讲故事、讨论、生活实践等。

4.环境设计及所需教具、课件的准备

环境设计要为教育主题服务。首先是黑板的版面设计，版面设计是一种艺术，不同的教育主题有不同的版面设计。好的版面设计能够烘托气氛，帮助人理解主题。环境设计还包括空间设计。以往课堂教学以讲授为主，教室里是一排排桌椅面向讲台。作为活动课，学生要有活动的空间，根据需要有时可坐成"U型"，有时可围成圆圈，有时分小组围坐。此外，还要准备活动课所必需的相关材料及多媒体课件等。

5.将课前准备写成教案

教案内容包括：活动课的题目、活动目标、方法、活动准备、活动过程、活动课的反思及效果评估等。

（二）实施过程

第一阶段是创设学习情境和引发体验领悟阶段。这一阶段是主体与客体相互作用的过程，即主体认识客体，客体进入主体内心世界。首先，创设的学习情境应符合以下四个条件：联系学生实际经验；激发学生学习动机和兴趣；具有体现教育主题的教育价值；能够引发学生体验、思考和探究。其次，在创设学习情境的同时要引导学生进行体验领悟。体验是由人的外部活动引发的内心活动，包括心理体验和实践体验。心理体验的引导一般是在情景短剧、角色扮演等活动之后，主持人用"如果你是其中的某某，你会怎样做或怎样想"的句式将学生带入虚拟情境中进行体验。实践体验是直接参与实践活动的体验，如学生参与了"盲人背瘸子"活动后让学生谈谈自己的切身体验。领悟是在体验基础上形成的对活动意义的理解，一般用"参加了刚才的活动，你有怎样的感受"的句式引发学生悟出体验活动的意义。学生只有在创设的情境中产生内心体验，在体验中有所领悟，才能获得成长的经验。

第二阶段是分享和价值引导阶段。这一阶段是主体与主体相互作用的过程。虽然创设的是同一教育情景，但由于每个人的个性不同，感悟也不同，不同的感悟形成丰富的教育资源。课堂上教师要留有充足的时间让学生畅谈感悟，可先分小组进行发言，然后再把发言转到全班中进行，使学生在充分的交流与互动中，分享多样化的观点和资源，产生思想碰撞，进行分析判断选择，从而达到澄清观念、提高认识、改变行为、促进人格健康发展的目的。

分享的前提是每位同学愿意敞开心扉，而安全自由的氛围是学生敞开心扉的条件。因此，教师在这个阶段不要做价值判断者，而要做安全自由氛围的营造者。当学生还有顾虑时，可用"谁愿意谈谈自己的感悟让大家共同分享""其他同学还有没有不一样想法"的语句鼓励学生放开自我，大胆表达自己内心真实的想法；当学生发言不能很清楚地表达自己的感悟时，教师就要把学生的言谈、思想加以综合整理，用自己的语言将其表达出来，主要用"你的意思是……我理解的对吗"的句式。

在宽松自由的环境中，学生的价值取向会出现多样化的趋势，教师有责任帮助学生树立正确的价值观，但万万不可简单地给学生贴"对"或"错"的标签，如果是通过设置情景或角色扮演引发讨论，教师可以用"如果是我……因为我认为……"的句式表明自己的态度。有时学生对有些问题的争论不分上下，很想听听教师的意见，教师应该适时地亮出自己的观点，可以用"我赞成某某的观点，因为……"的句式肯定学生正确观点，说明其理由。事实表明：价值引导虽然也是"外在给予式"的灌输，但学生不但不反感，反而很愿意接受，因为在讨论中出现的多样化观点使很多学生处在困惑和无所适从的状态，教师明确的表态及深刻的说理对学生就像"干旱禾苗逢雨露"，使学生在及时的滋养中成长。此外，还可以通过质疑、设身处地、因果分析、价值辨析等方法，引导学生对问题进行深入全面的思考，将其价值取向转到社会提倡的价值取向上来。

第三阶段是指导行为实践阶段。通过以上活动使学生在自身经验基础上形成新的认知，但这不是活动的结束，要将生成的认知转化为行动，内化成品质，还要将课内活动向课外延伸。这一阶段虽然和第一阶段同样都是学生主体与活动对象发生联系，但与第一阶段不同的是：第一阶段侧重于活动对象对学生主体的影响，本阶段是具有新道德认知的主体对活动对象的影响。即指导学生将课上获得的认知转化为课外的行为实践以及在实践中不断地反馈和调整。教师可以布置一定的家庭作业（如制定具体的行动计划或帮助学生制定自我评价表），引导学生将课堂上获得的认知及掌握的技能、方法运用到日常学习和生活中。如果是培养学生良好道德行为习惯，还需要借助适当的行为训练和外部强化等措施。

从以上活动过程可以看出，第一阶段的活动使主体在与活动对象的相互作用中产生了体验和领悟。第二阶段的活动使主体在与主体的相互作用中拓宽视野，构建新的认知。第三阶段的活动使主体将新的认知转化为新的行为。学生就是在主客体以及主体之间的相互作用中不断提升着道德素质。

三、德育主题活动课的实施效果

经过两年多的实验与推广，德育主题活动课已成为我区中小学班主任对本班学生进行教育的有效载体。通过对学生问卷调查、访谈和班主任座谈所获取资料的整理，其效果主要体现在：

1.激发了学生道德学习的兴趣

主题活动课给学生提供了发挥主观能动性的空间，学生全员参与、全身心参与到课堂上来，表现出极高的积极性，使课堂充满了生命的活力。我们曾在中学部分班级调查学生对主题班会的态度，60%的学生对主题班会感兴趣，我们再次在中学部分班级调查学生对德育主题活动课的态度，90%以上的学生对主题活动课感兴趣。

2.促进学生人格的健全发展

传统主题班会缺乏"活动体验"的教育方式，因而难以引发学生的情感和自身经验，其结果会有两种情况：一种情况是学生掌握了道德知识却没有相应的道德情感和道德行为；另外一种情况就是学生在感觉到有约束的环境下，"不得不这样做"，在感觉到没有约束的情况下，就"自由自在"。因此，这样的德育可能会培养出知行不能做到统一的"人格分裂"者。主题活动课强调以活动为载体，培养受教育者形成与一定道德规范相一致的道德情感、道德意志、道德行为及道德信念，有利于学生形成健全的人格。

3.为学生积极地适应社会生活奠定基础

主题活动课创设的教育情景取材于社会生活及学生日常生活，学生在其情境中进行着道德判断和道德选择，积累着对生活的理解和反思，掌握了积极适应社会生活的技能，学会在不同的情境中如何去正确行动。调查问卷表明：90%的学生认为上这样的课有收获。有些学生在问卷中回答："学到了书本上没有的知识，今后遇到这种情况我就知道怎样做了。"

四、突破性成绩

用德育主题活动课取代传统主题班会，该课的理论构想经过实践检验及修正，已经形成了基本流程和基本模式。其基本流程如下：

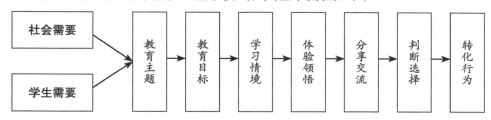

德育主题活动课的基本模式：以创设情境为导入，诱发感悟；以分享交流为手段，提高认知；以导行为目的，促人格健全发展。

该课的教育模式与学生道德学习方式基本吻合，通过活动体验统领学生知情意行的协调发展，在学生自我体验和领悟、自主判断和选择以及道德实践的过程中教师给予恰当的引导，德育内容正是通过这一有效方式深深地植根于学生心灵之中。

德育主题活动课体现现代教育理念，符合学生道德学习特点，具有可操作性，通过在我区中小学的推广，一方面使班级德育充分焕发了自身的魅力和影响力；另一方面，有效地促进学生人格的健全发展。

第二部分：学校品牌育英才，品德教育塑品格

人无德不立，育人的根本在于立德。品德修养是社会主义建设者和接班人的基本素质。什么是素质教育？学会做人、学会求知、学会办事、学会健体、学会审美、学会创造，这六个"学会"是素质教育的基本素质。为此，学校始终把德育放在重要的位置上，真正做到以文化人、以德育人，不断提

高学生思想水平、政治觉悟、道德品质、文化素养，做到明大德、守公德、严私德，让社会主义核心价值观的种子在学生心中生根发芽，培养学生良好的道德思想、树立正确的价值观念。

学校品牌文化：构建学校和谐德育体系 培养学生良好行为习惯

整体构建学校、家庭、社会和谐德育体系研究与实验

在国家级重点课题"整体构建学校、家庭、社会德育体系深化研究与推广实验"的实验研究中，学校承担了其子课题"构建学校和谐德育体系 培养学生良好行为习惯"。从2006年10月至今，学校紧紧依托《关于深化教育改革全面推进素质教育的决定》《关于进一步加强和改进学校德育工作的若干意见》，按照《德育大纲》的要求，以及中央教科所编印的《德育》读本、《和谐德育月历》等，专题研究了德育活动课在新形势下的创新点和生长点，制订了课题研究的总体规划，明确了课题研究的具体目标，科学地实施了课题研究的各个步骤。

一、课题的提出

（一）理论依据及必要性

"教育"一词在英语中有"自我生存"的意思，在德语中则意味着"引导，唤醒"。康德把德育的内涵定位于"价值"，价值是无法灌输的，它只能由个体在自我发展、自我建构的过程中获得，真正意义上的教育是自我教育。教育教学过程中教育者如何实现精心又不经意、自然又不刻意，达到教育无痕这样一种教学境界呢？这就要求教育者不仅要有广博的知识，还要有一种艺人的素质和才智，才能充分发挥自身的内在魅力：启发、教育和引导学生，在潜移默化中激发学生内在的真实情感，完善自我。我国伟大的人民教育家陶行知先生奉行"爱满天下"的宗旨，在他看来，爱是一种力

量，"真教育是心心相印的活动，唯独从心理发出来的，才能打动心灵的深处。"可见，高尚纯洁的师爱，容易引起学生心灵的强烈共鸣，从而会取得良好的教育效果。

第一，道德心理发展的相关理论。人的品德是在一定的心理背景下和活动过程中逐步发展、形成的个人比较稳固的心理特征。德育离不开心理学所揭示的心理活动的形式及其规律的指导。教师应充分认识学生的身心特点，并在德育过程中，充分顺应。

第二，建构主义的相关理论。建构主义者主张，世界是客观存在的，但是对于世界的理解和意义赋予却是由每个人自己决定的。人是以自己的经验为基础来建构现实的。道德的形成同样如此，道德不是靠"教"会的，它是学生在与周围环境的相互作用中，在自己的道德生活实践中自我建构生成的。

第三，现代德育价值观。知识、能力差了，是"次品"，身体垮了，是"废品"，思想道德品质坏了，是"危险品"，因此德育的首要任务是培养人，是培养学生成为良好道德品质的人。现代德育充分关注生活中的人，关注人和人的生活，道德教育是为提高人的生活质量服务，引导人去建构个人完满的道德生活，追求生活的完整性，在完整的生活结构中获得个性的完满，实现德育目的。

良好的习惯可以促进智力因素和非智力因素的有机结合。它对提高学生的道德水平、情感和态度等人格水平、学习能力、创新能力、智力水平、健康水平、生活能力都具有至关重要的作用。它是学生全面发展的催化剂，是促进学生自身健康成长的需要。因此，培养学生良好的行为习惯对于我们教育工作者来说是至关重要的，它将影响学生的一生。

（二）研究价值及重要意义

从某种意义上说，素质就是习惯。良好习惯的养成，不良习惯的克服，意味着学生素质的提高。良好的习惯最终要落在个体优良的外在行为上。培养学生良好行为习惯，是学生思想道德教育的出发点和归宿点，也是当前中学生思想道德教育的难点、关键点和薄弱环节。本课题尝试探索了新时期中学生道德行为习惯养成教育的基本特点和基本目标，探寻了新时期中学生道德行为习惯养成教育的基本规律、基本途径和主要方法，探究了新时期中学生道德行为养成教育的评价方式，编制了道德行为教育案例与道德行为习惯训练活动方案等。这些成果具有较强的针对性和可操作性，运用前景广泛，必将有助于指导教育工作者抓住学生道德教育的关键，突破难点，克服薄弱环节，增强学生道德教育的实效性，切实抓好中学生道德教育，促使广大中学生养成良好的道德行为习惯，进而对相关学校甚至整个社会产生积极的社会影响。

1.对实施素质教育的理论价值和实践价值

学校、家庭、社会三结合的教育是全面贯彻党的教育方针，推进素质教育的一个重要因素。我们通过在校园内建立和谐的师生关系，在家庭建立和谐的父母与子女间的和谐家庭关系，在社区建立和谐的人与人间的关系，促进学生的和谐发展。通过优化各种环境，减少各教育途径中因为方法、内容的不和谐而产生的负面影响。通过对学校、家庭、社会（社区）相结合的深化研究，引导家庭、社区都来关注未成年人的思想道德教育，以改变"重智轻德、重分数轻能力、重课堂教学轻社会实践"的偏差。

2.对构建和谐社会主义社会的理论价值和实践价值

和谐社会的基本特征是：民主法制，公平正义，诚信友爱，安定有序，充满活力，人与自然和谐相处。和谐社会的这些特征与作为社会主体的人的思想道德素质是紧密联系的，也是相互对应的。通过学校、家庭、社会三位一体的共同施教，来提升每个个体的思想道德水准，以此来推进整个社会的思想道德水准的提升，从而促进社会的和谐稳定。学校、家庭、社会（社区）的三结合教育对于构建和谐社会主义社会具有重要的实践价值。

（三）课题界定及特殊性

关键词之一：行为习惯。主要指知识素养、健全的人格、创新意识和创新精神。正如黑格尔所说："一个人做了这样或那样一件合乎伦理的事，还不能说他是有德的，只有当这种行为方式成为他性格中的固定因素时，他才可以说是有德的"。我们理解这里"性格中的固定因素"，就是指的道德行为习惯。关键词之二：良好行为习惯。养成一种良好的品德、懂得一种规范，是一个善于处理现实生活和社会生活的人，是一个具有独特风趣和高尚情操的人。

联合国教科文组织指出，21世纪教育的使命是帮助学生学会做人、学会做事、学会学习、学会共处。同时我国现阶段的教育方针也指出，教育的目标是培养德智体等方面全面发展的社会主义事业的建设者和接班人。这要求我们在素质教育中，应该使受教育者身心和谐发展，使他们主要在思想道德、能力、身体、心理等方面形成一系列优良的素质。这些主要方面的素质基本上都包含在学会做人、学会做事和学会学习三个大的方面。基于以上认识，我认为在青少年良好习惯的培养上，应该集中在三个大的方面，即做人、做事和学习。新时期中学生道德行为养成教育研究，就是探索21世纪学生道德行为养成教育的基本规律、基本程序和主要方法，以帮助学生养成良好的道德行为习惯。

二、课题研究概况

（一）研究目标与内容

本课题预设目标是探索新时期中学生道德行为养成教育的基本规律，包括新时期中学生道德行为养成教育的基本特点、基本目标、基本途径和主要方法等。

1.生活中的许多突发事件、孩子们身上存在的一些现实问题，都是我们有针对性地展开德育活动的最佳契机。

2.在课堂教学精心又不经意，自然又不刻意的教学境界中进行渗透。

3.在师生心灵和谐共存、互相感染、互相影响、互相欣赏的精神创造过程中，进行着真诚的心灵交流。

4.将课堂与现实世界紧密联系，通过实践性的参与，培养学生良好的行为习惯，进而使学生增强自己的学习能力，掌握学习的思想方法

（二）研究原则与方法

研究原则：一是科学性原则。坚持道德教育的科学性，遵循道德行为教育的一般规律，注重小学生身心发展的特点和接受能力。二是主体性原则。坚持以学生为主体，尊重学生主体道德品质形成规律，着重培养学生的道德意识、道德情感和道德行为习惯。三是理论联系实际原则。坚持知行统一，重在实践、体验、养成训练。四是创新性原则。在对传统道德行为教育进行总结、反思、扬弃的基础上开展研究，既充分体现传统优势，又突出时代特色和理论创新。

研究方法：资料及文献研究法：查阅相关的资料及文献，奠定理论基础；了解同类课题研究的现状，提供借鉴，为创新性研究奠定基础。实验法：在自然状态下选定实验对象，开展实验研究，并在实验研究中，与非实验对象作纵向、横向比较分析。行动研究法：在素质教育理念指导下，进行有价值的情境创设，总结研究效果。经验总结法：在教学实践和研究的基础上，根据课题研究重点，随时积累素材，探索有效的措施，总结得失，及时调控，根据研究内容写出阶段性总结。

（三）研究过程与步骤

面向实际，是班级量化考评能否取得成效的重要前提。学校始终对生源的现状保持清醒的认识，更看到学生行为规范的养成并非一朝一夕之功。我们坚持把最基本的日常行为规范作为班级量化考评的内容，常抓不懈。实践表明，这些做法是正确的，确保了学生整体道德水平的提高，避免了因学校生源的变化导致学生道德表现的波动。

狠抓基础，为了保证班级量化考评工作落到实处，我们狠抓以下几个工作：制定了班级量化考评工作的指导思想、目标、考评内容和实现目标的方法、措施；为学生提供一套养成教育的学习材料；开展系列活动，寓教于各项活动之中；成立一支有效的管理队伍，加强学生养成教育的管理。

严格管理，养成教育以正面引导为主，同时必须加强管理。学校制订了一系列规章制度，如严禁学生在校内外抽烟、打架斗殴、说粗话、赌博、乱扔废弃物等，把严格执行校规作为学生养成教育的主要途径。

贵在坚持，我们始终做到每周一公布，每两周一讲评，每学期一表彰，每学年一总结。并做到"四个坚持"：一是坚持把班级量化考评作为抓养成教育的传统项目；二是坚持考评标准基本不变；三是坚持每周各考评组至少有三次检查；四是坚持各考评组必须向行政会汇报。

重在渗透，养成教育重在讲究教育方法，注重全方位参与，注重潜移默化。必须达到三个要求：一是全员渗透，学校每一位教育工作者，从校领导到工友都要有育人的意识。二是养成教育要渗透到学校工作的全过程。三是实行全面渗透，不管是显性的教育还是隐性的教育，学校的方方面面都要渗透养成教育。

三、课题研究主要成果

学校初步探索构建了新时期中学生道德行为养成教育的途径方法体系。

新时期中学生道德行为养成教育的方法性原则：即遵循行为规律性原则；坚持共性与个性相结合原则；坚持做事教育与做人教育相结合原则；坚持内化教育与外化教育相结合原则；坚持循序渐进与防患教育相结合原则；坚持自律与他律相结合原则；坚持家庭、学校、社会教育相结合原则。

新时期中学生道德行为养成教育的三条途径，即家庭教育、学校教育和社会教育途径进行了研究，着重对学校教育这一主阵地展开了研究。结合新时期的新特点，探索了管理机制养成、德育课程养成、心理健康养成、校园文化养成、自主活动养成、文明上网养成六条学生道德行为养成教育的新思路。

在方法上，重点研究了自我教育、修养指导、情境体验、情感陶冶、对话晓理、榜样示范、实践锻炼、评价反馈等八种方法的内涵、方式和应用中要注意的问题。

行为习惯问题、特别是青少年的行为习惯问题是任何时代和社会都高度关注的问题。针对行为习惯养成问题，历代无数的教育理论家、教育实践者和成年人所进行的研究可谓不胜枚举。显然，青少年的行为习惯养成问题是一个亘古常新的话题。行为习惯养成问题是德育的关键问题，也是一切教育的关键问题。关注、研究中学生的行为习惯及其养成问题是新时期德育的重要课题，是加强和改进青少年思想道德建设的重要课题，是所有教育者的责任和使命。

学校互联模式：基于"互联网+"的一体双翼德育模式

学校在深化落实"立德树人"根本任务的广泛实践中，得益于以校本教研为主体的德育教研体系建设，得益于干部教师执着而饱含热情的不懈努力，利益于借力天津师范大学专家教授们的学术智慧，在政府行政、教研部门的指导下，深挖学校内部潜能，形成了大学、政府、学校、教师四位一体的教研模式，推动了聚焦学生和家庭的德育工作延展。不仅形成了明理笃行的学科思政教学范式，而且形成了一体双翼的学校德育模式。以学科思政为主体，社团德育和生活德育为两翼；以学校德育为主体，家庭德育和社区德育为两翼；以学习者自主德育为主体，教师德育和管理者德育为两翼。

伴随移动互联技术的进步和教育信息化的深入发展，学校又探索基于"互联网+"的德育新范式，探索建设了"云桥"学习社区——一个自主设计研发的，以手机APP为核心，以PC端同步系统、门户网站及动态安全监测系统为支撑的四位一体的管理应用与资源建设相结合的应用平台，集学生泛在学习空间、教师泛在成长空间、学校泛在管理应用为一体的校本信息化平台。"云桥"学习社区，使全员性、全程性和全面性的道德教育体系更加完善，育人张力得以创新式延展，学校德育生态进一步优化。

一、以学科思政为主体，以社团德育和生活德育为两翼，让"学科思政"特色植根于学校沃土，深化"立德树人"

（一）基于校本的"明理笃行"学科思政范式

1. "明理笃行"学科思政教学范式

德育在学科教学中的通常做法是熏陶、感染、渗透，那么学科思政有没有模式呢？这是学科思政工作探索到一定阶段之后遇到的理论瓶颈，在全校教师大讨论中，大家逐步厘清了认识，将模式与模式化区分开来。任何事物的存在，都会有一个相对稳定的结构，否则就会瞬息万变。这个稳定的结构就是模型、模式、范式。模式化是将一种结构方式应用于所有事物的所有情境。教学范式是一种客观存在，学科思政也存在教学范式，于是全校开展了一场自下而上的学科思政教学范式研究活动。

在学科思政教学模式的研制过程中，坚持干部、教师、专家教授集思广益、共同研讨，基于校本、基于学情、基于当前"立德树人"的根本任务，学科思政植根于课堂的教学延展模式应运而生，即以"博学—触思—明理—悟道—笃行"为环节链接，以"明理悟道"为核心，融"学、思、行"为一体的"明理笃行"学科思政教学模式。这是集高校专家与一线教师协同合作的结果，是德育育人效能延伸至课堂教学的有效实践。

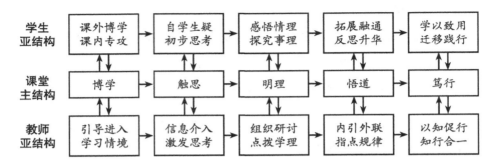

2. "学科思政"的实践理性

在学科思政的实践中，特别注重德育教学目标的设计，构建德育目标体系，并强调德育目标在不同年级不同学科的教学中要相互联系，形成教育合力。组织教师认真分析教材内容结构，根据各学段、各学科特点，分析归纳学科思政的渗透点，拓展学科思政的出发点和切入点，找出每个教学内容涉及的情感、态度、价值观目标。学校编著并出版《学科思政教学指南》，覆盖中学全学科，涵盖初高中六个年级，对每一个教学内容的德育渗透、融合、实施的出发点和重点做以说明，使任课教师在每章节的教学都有一个可靠的"抓手"。

例如历史必修一的主要内容是讲述人类政治文明的发展演变，明确从专制走向民主是人类政治文明发展的一般规律。教材的第一单元讲述古代中国的政治制度，专制主义中央集权制度占有相当篇幅，而第二单元第一课讲述的是古代希腊的民主政治。这就很容易给学生造成错觉：中国自古就不民主，西方自古就民主。为了消解这样的错觉，教师进行了前后关联的教学设计：教师在讲解单元内容之前，进行必要地拓展讲解。古代雅典当时存在三种基本政治形式：民主制、君主制、僭主制，其中君主制城邦更为多见。强调古雅典只是古希腊200多个城邦中的一个，雅典民主政治只是古代欧洲的一个特例，并不具备普遍意义。教材编写者之所以选择雅典民主政治作为学习内容，是基于文明史观强调历史事件的长时段价值而作出的。这样的提前处理，再配合后面对雅典民主政治形成的特殊环境的具体分析，学生的错觉基本可以消弭。

（二）活动与生活中的德育生成

以学科思政为主体，以社团德育和生活德育为两翼展开的学校德育，十分重视社团活动和校园生活中基于生命成长的道德生成。如果要有效达成德育生成，就必须处理好显性德育和隐性德育的辩证关系。如同课程可以划分为显性课程和隐性课程一样，德育也可以划分为显性德育和隐性德育。显性德育是有形的而隐性德育是无形的，显性德育是有意识的而隐性德育是无意识的，显性德育是直接的而隐性德育是间接的，显性德育是明示的而隐性德育是暗示的。德育工作有的时候就要有力度，令人警醒，有醍醐灌顶之效；有的时候又要春风化雨，润物无声，使生命不知不觉间受到熏陶感染。

聚焦显性德育围绕社团德育和生活德育两翼，学校首先以"崇德、尚文、励志、图新"校训开设了崇德尚礼课程群、尚文明理课程群、励志修身课程群、图新笃行课程群，涉及17个领域84门校本课程和社团活动；其次围绕"新入校学生——寻梦；高二年级和初中八年级——筑梦；毕业年级——圆梦"为主旨的系列主题实践教育活动，将周恩来人生楷模教育活动、综合实践周活动、经典诵读比赛、校园朗读者活动、校园艺术节、成人礼暨毕业典礼、百日誓师会、传统文化进校园进班级系列活动等等蕴含其中，有效融合，让学生在活动中感悟，在活动中升华认识，构建正确而积极的价值观。

聚焦隐性德育围绕社团德育和生活德育两翼，牢牢把握两个关键点。一是环境浸润。以校园环境、楼道环境、班级环境为主线营造积极、绿色、进取、博爱的环境氛围。二是师生融合。以日常教育教学活动为抓手，在教师的引领下通过构建和谐融洽的师生有关系，浸润学生心灵。立足两个关键点，让基于学生价值观的引领润物无声。

二、"互联网+"助力以学校德育为主体，以家庭德育和社区德育为两翼的三位一体德育实践创新发展，实践教育综合改革

（一）"互联网+德育"彰显强劲效能

学校在全市率先推出了基于移动手机APP客户端为核心的"云桥"学习社区，2016被教育部评为全国中小学校信息化典型成果案例。学校通过"云桥"学习社区的广泛应用，旨在运用"云"技术建构学校网络教育生态系统，搭建起学生即时学习、通往知识殿堂的桥梁；搭建起家校沟通，即时通信的桥梁；搭建起学校职能部门、教师之间管理数据互通的桥梁。进入"云桥"学习社区，不但可以了解学校资讯、教育信息、学生情况，而且具有在线学习、成长记录、交流沟通等功能模块。以互联网为依托，运用大数据技术，可以帮助学生进行学习倾向性分析，进行情绪指数分析，进行行为与心理分析；可以帮助教师及时了解学生课程学习情况及自身发展状况；可以实现学校德育的科学化与精细化管理。还可以将学生在校三年的数据进行整理，如同私人订制一般制作出专属于学生个人的成长册，记录学习与生活的每一个过程。这样的网络德育生态建构，使线上教育与线下教育融为一体，将德育活动及德育工作有效的整合，深度融入"云"端，并与学校校园网、学校微博和班级博客共同构成了"一微一网一端一博客"的网络交互平台，为学校、家庭、社会之间建立了一个方便快捷的信息化沟通平台，使得家长、教师和学生能够随时随地随需地进行交流沟通，使家长、教师和学生能够随时随地随需的了解学情和校园生活，为三位一体德育提供了可靠、有效、便捷的渠道保障，助力了家庭、学校、社会三方形成教育合力。

（二）"互联网+双导师"机制，让德育在高中教育综合改革背景下彰显创新动能

学校聚焦高中综合改革，立足德育创新，规划实施了"互联网+双导师"的导师工作机制。所谓"互联网+"，即借助"云桥"学习社区开辟"导师互

动"专栏，将"学生成长导师手册"进行信息化整合，实现导师、学生之间随时随地随需沟通交流，互动零距离、交流多校化，为学生的生涯规划提供了便捷、有效的信息化平台。所谓"双导师制"，即校内导师与校外导师双轨并行。校内导师由学生的任课教师及学校领导干部共同担任，每位导师负责6至8名学生，从学业、生活、心理、职业规划四个方面进行日常指导；校外导师由特聘的高校导师来担任，按行政教学班配备，定期轮换，借助高校视野助力学生选课选学和职业生涯规划，助力学生发展定位与生涯指导。高中综合改革带来了德育的全新内涵和要求，也正因如此让德育工作借力教育信息化再次实现了蜕变和升华。

三、以学习者自主德育为主体，教师德育和管理者德育为两翼，一体双翼的协同德育让"立德树人"始于心，践于行，植根于学生未来人生

学校德育高度重视学生的自主与自律，凡是学生能做的事情，尽量让学生自己组织、自己动手，培养学生自信与自尊、自律与自爱、自立与自强。在此基础上也特别重视教师德育和管理者德育对学生的影响。

学校广大的教职员工，从校长到后勤人员，相对于学生来说，都是学校的德育工作管理者、服务者。学生与管理者、服务者的人际生态，也是学校德育工作的重要组成部分。一方面是学校通过规范的管理，使学生体会到公平与公正；严格的管理，会使学生养成对规矩的敬畏；人性化的管理，会使学生体验人与人之间的温情。另一方面学生要参与学校的管理，例如通过云桥学习社区平台，学生可以参与食堂膳食管理，参与图书期刊整理与借阅的管理，参与楼宇卫生管理，参与校园不文明行为监督与管理。在参与管理、服务身边人的过程中，学生更易于换位思考，从多角度、多侧面、多层次思考问题，增进对人与事的道德理解力。

教师德育是教育事业特殊性的体现，教师以自己的全部存在影响着学生，教师的道德素养直接影响着学生的成长，因此学校特别重视师生交互德育生态。学校着力建设"德高、业精、风正、纪严"的高素质的教师队伍，倡导每一位教师"做学校的形象大使，做学生的愉快天使，做家长的知心朋友，做同事的友好传媒，做自身的成长主宰"，身教重于言教，教师要注重职业自身的示范性、导向性，用良好的道德品质、高尚的人格魅力影响学生，以师者的生命高度引领学生身心成长。

德育科研是提高教师德育水平的助推器，学校每学期都会确定1至2个德育的专题，组织力量集中进行研究和实验。教师在工作实践基础上，每学年撰写一篇质量较高的德育论文，学校定期召开交流研究成果，积极探索学科思政方式方法和教学模式。在市区教研部门的帮助下，学校多年来持之以恒地对学科思政进行探索和实践，总结出一系列基本经验，形成了一套完整的科研成果，相继推出了《学科思政目标体系》《学科思政实施方法》《学科思政操作规程》《学科思政评价体系》《学科思政研究成果论文集》等科研成果，出版了《学科思政理论与实践》《学科思政十年》《学科思政与教学改革》《学科思政概论》等专著。新课程改革以来，学校把握教材德育施教点，针对新教材深入探究各个学段、各个学科情感、态度和价值观目标，编写出版了《学科思政教学指南》，填补了德育课堂落实方面的空白。

现在教师们在学科思政实践中都能努力做到"五有"，即有意：增强育人意识，深掘教育资源，有意识地进行"无痕"的德育工作；有机：德育与智育有机结合，水乳交融，潜移默化，润物无声；有序：按照教学目标，坚持连贯性和衔接性；有情：以情动人，以情育人，达到师生情感交融和共鸣；有效：提高针对性，讲求实效性，力戒形式主义，使课堂教学成为师生互动，共同发展，体现生命价值的历程。

聚焦当前教育综合改革的实践探索，学校以"云桥"教育信息化助力形成校本德育生态的创新点，以"学科思政"特色为延展形成校本德育生态的显著标志，集家庭、学校、社会一体共创有温度的德育，让立德树人植根于参与育人的每一个主体行为中，形成全面、全员、全程育人的校本德育生态，践行"为学生的成功人生铺路，为教师的专业成长建桥，践行师生互动共建和谐校园"的办学理念，培养更多的政治坚定、素养卓越、品学兼优的拔尖人才服务于祖国的发展需要。

学校德育特色：创新德育载体，丰富德育内容，全面立德树人

学校紧跟时代的要求和教育改革的挑战，聚焦南开区新优质教育发展目标，致力于学校工作的完善和德育育人体系的提升，传承和发展"学科思政"的办学理念，不断创新德育载体，丰富德育内容，全面提升学生素养，努力实现每一名学生在原有基点的发展提升。学校德育特色工作主要围绕四个重点方向、两个支撑保障进行全面落实。

一、四个重点方向

（一）铸魂：开展楷模教育系列活动，指引学生奋进方向

学校以楷模教育系列活动为载体，开展良好开端月、班级文化创建月、校训之星评比、周恩来班创建等活动，分年级开展"用中国梦激扬青春梦""同心共筑中国梦"主题教育系列活动：七年级（高一年级）"寻梦"、八年级（高二年级）"筑梦"、九年级（高三年级）"圆梦"，突出了学校楷模教育工作特色，将参观周总理生活和学习实景的体验式活动与班会、演讲等交互式活动相结合，增强感染力。还通过校园艺术节、成人仪式、毕业典礼、百日誓师等活动发挥榜样的示范作用，激励学生奋发图强。

（二）强心：聚焦心理健康教育，营造积极健康的学校氛围

学校以"心家园"心理健康教育辅导中心为载体，面向全体学生和家长，开展心理健康教育宣传和辅导。一方面，在"云桥"上开设心理辅导的线上预约功能，不仅能够实现线上和线下的个体心理辅导，还可以在预约制度的保障下提高效率，保护隐私，叩开学生的心门；另一方面，通过在"云

桥"上开设"心灵驿站"板块，每周一篇定时传送心理健康知识文章，指导家长与孩子沟通交流，帮助家长随时随需了解心理健康知识，促进了家校沟通，深受家长好评。学校以天津市第一名的优异成绩被命名为天津市心理健康教育特色学校，并被推荐申报全国心理健康教育特色学校。

（三）陶情：建设数字化书香校园，拓宽学生的阅读视角

学校积极倡导师生"悦读·悦享"的读书精神，不仅从校园文化氛围营造，图书馆高标准建设，课内外涵养师生阅读素养、小手拉大手家校共育阅读习惯等多维度、全空间构建书香校园，而且积极创新书香校园功能载体，以教育信息化引领"'互联网+'数字化书香校园"特色建设，及大数据分析、智能化服务为支撑，打造数字化书香校园新生态。学校每班设立了班级"阅读空间"，发放了图书角图书，配备了借阅图书使用的平板电脑，学生通过扫码借阅，优化了班级图书角的日常借阅管理。教学楼的楼道里每一层都配备了超星数字阅读机，实现了在线阅读，给学生的课余时间提供了更多阅读选择，增强了阅读环境的感染力，起到激发学生的阅读兴趣、培养阅读习惯的作用。

（四）实践：落实社会实践课程，发挥实践育人功能

我们以学校教育与校外教育衔接的教育形式，把每年的固定综合实践周活动和日常活动相结合，在校学生全员参加，以社会实践课程为载体，发挥实践育人功能，促进学生全面发展、健康成长。以周邓纪念馆、烈士陵园等为爱国主义教育基地，开展理想信念类实践课程，使学生形成正确的价值观，树立远大的理想信念；以市档案馆、市三维成像博物馆、滨海新区气象预警中心为参观体验基地，开展研学旅行类实践课程，拓展课程学习内容，激发学生的创新精神；以天津财经大学、中国民航大学等知名院校和康师傅饮品体验中心、中新药业有限公司等知名企业为调查研究基地，开展生涯规划类实践课程，使学生提高动手实践能力，培养独立思考能力，积蓄奋发读书的动能；以反恐演练、消防演练、模拟法庭等技能训练为内容，开展法制

安全类实践课程，培养学生的法律素养和安全意识；以校内诚信驿站、图书馆义工等活动，与校外社区、福利院等基地活动相结合，开展志愿服务类实践课程，使学生在服务中体验奉献精神，传播文明理念，增强社会责任感。

二、两个支撑和保障

（一）师资力量：加强班主任队伍建设，打造高素质德育队伍

通过培训、讲座、交流、分享等多种形式提高班主任队伍的专业化水平。聘请专家来学校指导讲座，全面提升班主任工作水平。为适应高考改革，助力学生发展，我们组织生涯规划培训，高中全体班主任和初中骨干班主任获得CDP生涯发展师认证资格。在德育队伍建设上，我们努力在学校中营造人人热爱班主任工作，人人尊重理解班主任，班主任被尊重、被理解、被关怀的良好氛围，构建以年级组长和班主任为核心的教师集体，不断完善班主任工作和班级目标考核机制，实现了浮动班主任费。我们组织了"聚力相携，耀在一起"德育年会，同时借助"心家园"心理辅导中心多次组织了"畅游书海，寻找彩虹""艺术性表达心理辅导""我和我的团队"班主任团体心理辅导，为班主任减压，使其愉快工作。

（二）信息化：发展"云桥"信息化社区，拓展学校德育空间

通过"云桥"信息化的支撑，在校园资讯板块、校园宣传公告、家校互动管理、德育量化考核、学生成长记录、品德诚信测评、心理预约辅导、班主任绩效考核等多领域简化操作流程，优化操作环节，细化操作内容，实现高效、科学、公平、民主的管理氛围。

学校德育工作传承"学科思政"特色，遵循教育规律和学生成长规律，秉承立德树人根本任务，以更新的德育工作载体呈现丰富的德育内容，围绕四个重点方向、两个支撑保障开展工作，为培育身心健康、志向高远的祖国建设者和接班人而努力奋斗。

德融
课堂

语文

第一单元

教育目标

1.掌握鉴赏诗歌和小说的基本方法，能独立分析诗歌和小说的艺术手法、结构布局、思想情感等。

2.分析诗歌和小说的语言艺术与表达技巧，培养学生语言建构与运用、文化传承与理解的能力。

3.理解文章内容，领会文章主题，了解作者的精神境界与思想抱负，对青春有更深的认识，从伟人、名人的文学作品中汲取成长的力量。欣赏文章中的语言美、意象美、意境美，充沛的情感与圆融的结构，从而增强学生的审美鉴赏和创造能力。

第一课　沁园春·长沙

思政教育目标：

1.了解开国领袖毛泽东同志主宰大地沉浮的博大胸襟和慷慨豪情，革命的壮志和以天下为己任的历史责任感。

2.向伟人学习，激发自我奋发向上的热情，大好青春树立坚定的理想信念，意气风发，为了实现理想信念勇于拼搏；同时在各方面提升自己的能力。

核心素养目标：

1.了解作者及创作背景，知道毛泽东同志不仅是政治家也是文学家、书法家；把握新诗和现代诗歌的概念、意象的概念、词的格律特点。

2.品味词中秋的意象，体会雄浑阔大的秋的意境，从词中关于湘江秋景的描写把握词作的形象性和抒情性。

3.理解景中寓情，情中显志的写作手法，能把握作者的思想情感。

第二课
立在地球边上放号　红烛
*峨日朵雪峰之侧　*致云雀

思政教育目标：

1.理解郭沫若否定旧的社会现实，摆脱旧的思想束缚，张扬个性、追求解放的强烈愿望，以及五四时期提倡科学民主和自由的时代精神。

2.体会闻一多的爱国之情，理解诗人献身祖国，甘愿自我牺牲的爱国主义精神。

3.感受昌耀诗歌中蕴含的勇敢无畏、热爱自然与生命的情感，理解诗人内心深处向往的乌托邦理想。

4.理解雪莱对光明的向往和理想的追求。

核心素养目标：

1.了解各著名诗人及写作背景，结合社会背景、个人生平来分析文本的思想情感。

2.体会各诗歌的艺术特色：《立在地球边上放号》直抒胸臆的表达方式与诗歌象、境、意的融合；其浪漫主义特色风格，形象生动的语言；感知《红烛》所体现的三美，咀嚼其散文化的语言，领悟"红烛"的象征意义，了解比喻、拟人等手法的具体寓意，以及反讽手法；体会《峨日朵雪峰之侧》塑造的众多审美意象，感知它们营造出的凝重壮美的艺术氛围；欣赏《致云雀》的浪漫主义特色，理解"云雀"的象征意义。

第三课
百合花
*哦，香雪

思政教育目标：

1.体会战争中的人性美、青春美，提升自身的精神品质和道德情操。

2.感受军民深厚情谊，培养学生对国家和子弟兵的热爱。

3.理解作品中折射出的时代信息，启迪学生对美好理想的憧憬，培养对现代文明的追求。

核心素养目标：

1.增强文学鉴赏能力，能快速浏览文本，通过品味生动的细节来感知人物身上洋溢着的人性美、青春美、人情美。通过自主、合作、探究，从不同角度和层面挖掘文章主题的独特意蕴。

2.能立体思辨地看待人物，通过梳理情节、分析人物言行与环境描写等方法把握小说中的人物形象。

3.学会以小见大的表现方法，重视细节描写在小说中的作用；以及用心理活动、典型细节来刻画人物形象的方法；理解"百合花"和"铅笔盒"的象征意义。

4.咀嚼《百合花》清新俊逸的语言和《哦，香雪》淳朴优美、清新婉丽的语言，体会散文体小说的语言特色。

第二单元

教育目标

1.理解劳动的伟大意义，培养崇尚劳动、尊重劳动、热爱劳动的传统美德，传承和发展劳动精神，树立无私奉献、锐意进取、勇于创造的劳动观念。

2.能通过分析通讯的报道角度，理解事实与观点的关系，抓住典型事件，把握人物精神。

3.了解新闻评论的观点，学习阐述观点的方法。辨析和把握新闻报道的立场，提升媒体素养。

第四课
喜看稻菽千重浪——记首届国家最高科技奖获得者袁隆平
*心有一团火，温暖众人心
*"探界者"钟扬

思政教育目标：

1.学习杰出世界级农业科学家袁隆平和探路者钟扬的创新精神和高尚品质，以及其为科技献身的精神。

2.理解并学习张秉贵在平凡的工作岗位上全心全意为人民服务的精神品质；理解其"一团火"精神的丰富内涵和在当今时代的重要意义。

3.懂得不管在哪个岗位，都能发光发亮，都需要责任心和为民服务的真心；树立正确的人生观和价值观。

核心素养目标：

1.了解人物通讯的特点，掌握人物通讯的阅读方法，学习人物通讯的写法；学习多角度、多层次写人。

2.体会人物通讯中细节描写和运用数据的作用，选取典型事例的重要性，衬托手法的表现力。

3.能总结概括三篇人物通讯中的人物形象。欣赏不同人物通讯的艺术特色、结构特点。

第五课　以工匠精神雕琢时代品质

思政教育目标：

1.深入理解和体会工匠精神的内涵及其在当代的现实意义。

2.全方位贯彻工匠精神，追求卓越，学会克服浮躁风气和短视心态。

核心素养目标：

1.了解新闻评论的含义、特点和作用。体会新闻评论语言简洁有力、阐述观点鲜明等特点；厘清文章脉络结构，学习文中多种论证方法的使用方法。

2.学习文章联系社会现实提出观点并合理阐述的写法，体会其有的放矢、直面现实的新闻品格。

3.尝试进行新闻评论写作。

第六课
芣苢
插秧歌

思政教育目标：

1.体会诗歌体现出来的劳动热情与欢欣，体会劳动人民淳朴、勤劳的本质，深入体会劳动精神的内涵。

2.树立"人生在勤，不索何获"的正确价值观，学习吃苦耐劳、勤劳乐观的精神。

核心素养目标：

1.了解《诗经》的有关知识和四言诗的特点，掌握《诗经》赋比兴艺术手法及其诗歌和谐的韵律特点；了解杨万里的生平和主要文学成就，掌握"诚斋体"相关知识。朗读诗歌，把握节奏，体会其形式特点。

2.理解两首诗歌，把握其思想情感，体会农耕社会劳动之美。

3.赏析其表达技巧，体会诗中重点词语的内涵。体会《芣苢》的重章叠句、回环往复，《插秧歌》的浅白流畅、意趣自然、新鲜；以及两首诗使用动词之妙处。分析诗中白描、比喻、衬托等表现手法的表达效果。

第三单元

教育目标

1.体味古人丰富的情感、深邃的思想、多样的人生，加深对社会的思考，增强对人生的感悟，提高自身的思想修养和文化品位。

2.在诵读和想象中感受诗歌的意境，欣赏其独特的艺术魅力；体会不同时期、不同体式诗词的不同审美追求和艺术特色。

3.掌握古诗词鉴赏的基本方法，尝试写文学短评。

4.认识古诗词的当代价值，培养积极的鉴赏态度，注重审美体验，陶冶情操，涵养性灵；激发对中华优秀传统文化的热爱之情，增强对中华优秀传统文化的传承意识。

第七课
短歌行
*归园田居（其一）

思政教育目标：

1.体会曹操渴望通过招贤纳才来建功立业的远大志向和一统天下的雄心壮志，培养积极进取的精神和海纳百川的气度。

2.理解陶渊明不与世俗黑暗同流合污、追求自由的精神境界，学习其高尚的理想志趣和坚定的人生追求。

核心素养目标：

1.了解曹操、陶渊明的生平、文学特点与成就。

2.学习鉴赏《短歌行》运用比兴、典故等艺术手法的艺术美，《归园田居》情景交融的意境美。欣赏两首诗的语言美，解读诗歌意象，领会诗歌意境。

3.体会诗歌的情感基调，把握诗中情调的起伏、断续、变化的特点。感悟诗人的思想感情，总结归纳诗人的人物形象。

第八课
梦游天姥吟留别
登高
*琵琶行并序

思政教育目标：

1.感悟李白蔑视权贵、追求自由的思想情感，学习其孤高傲岸的人格。

2.理解杜甫"致君尧舜上"的抱负和忧国忧民的情怀，培养关心社会的爱国主义精神。

3.认识封建社会中琵琶女悲凉身世和诗人失意谪居的黑暗现实。

核心素养目标：

1.了解李白、杜甫、白居易的生平与文学成就，理解他们在文学史上的地位，对其文学特点有基础的把握。

2.体会《梦游天姥吟留别》浓厚的浪漫主义色彩，体会夸张和想象结合的表现手法，丰富的想象和天马行空的行文气势，鉴赏其雄奇瑰丽、变幻莫测的梦境以及深层含义；体会《登高》情景交融的艺术特点与沉郁顿挫的诗歌风格，把握意象所起的作用；体会《琵琶行并序》叙述与抒情相结合的艺术手法，领会用各种比喻描摹音乐变化的手法，以及环境烘托气氛的作用。

3.把握作品内容，体悟作者通过各种手法表现出的思想感情，分析各种手法对思想情感的表达所起的作用。培养创造力和想象力，学习作品中大胆的想象和描写。

第九课
念奴娇·赤壁怀古
*永遇乐·京口北固亭怀古
*声声慢（寻寻觅觅）

思政教育目标：

1.体会苏轼渴望为国效力的愿望和壮志未酬的苦闷，学习他的旷达胸襟和进取精神。

2.体会辛弃疾抗敌救国的雄心壮志和为国效劳的爱国热情。培养学生爱国主义精神，维护祖国国土，维护国家主权。

3.体会国破家亡、风雨飘摇给李清照带来的影响，引导学生珍惜现在的和平生活。

核心素养目标：

1.了解苏轼、辛弃疾和李清照的生平和文学成就，比较并掌握豪放派与婉约派的不同之处，以及同为豪放派的苏辛二人词作的不同之处。

2.理解《念奴娇·赤壁怀古》写景、咏史、抒情融为一体的写作手法，把握"写景—怀人—抒情"的脉络，感受恢宏开阔的意境和气象；理解《京口北固亭怀古》用典与表情达意间的关系以及借古喻今的特点；品味《声声慢》中的意象选择与意境渲染，体会其凄美语言与声韵。

3.从文本深入到作者，体会作者或旷达或悲愤或感伤的情感，以及情感的变化过程。

第四单元　家乡文化生活

教育目标

1.了解访谈及其他调查方法，掌握语言表达及交流的技巧，在实地调查中提高访谈、调查的效率与效果。

2.了解家乡的文化生活现状，思考家乡传统习俗对社会发展所产生的影响，以及家乡与自我成长之间的关系。形成关注与参与现代文化生活的意识，培养家国情怀。

3.阅读有关调查研究、乡土风俗等方面的资料，提升理性思维能力和审美鉴赏能力；学会灵活运用常见工具书和网络，根据一定需要，查阅相关信息资料，快速定位信息。

4.学会从现象中提炼有价值的典型问题，形成专题研究的意识，根据事实说话，学会论证说理；学会分析梳理材料，提炼研究发现，了解调查报告所应包括的一般要素并完成调查报告，培养理性思考、深入认识问题的能力。

第五单元 整本书阅读《乡土中国》

教育目标

1.阅读梳理各个单元的核心概念，找出概念间的关系，厘清全书的逻辑思路，了解中国乡土社会的结构和特点；提高思维品质，培养创造性思维，提高逻辑建构能力。

2.掌握学术著作的阅读方法，体验学者发现问题、探索解决问题的路径，学习陈述学术见解的思维过程和表达方式，从而进一步提高阅读素养和表达能力。

3.理解和认同乡土文化，客观评价乡土文化与乡土生活，形成正确的审美意识和健康向上的审美情趣与鉴赏品味。理解《乡土中国》的现代意义。

4.感悟学者艰苦卓绝的治学精神和心怀乡土的家国情怀，热爱中华文化，传承优秀中国传统文化。

第六单元

教育目标

1.理解学习的意义，形成正确的学习观，改进学习方法，形成良好学习作风，提高学习能力；获取知识，从而提升能力和修养。

2.准确把握作者的观点和态度，关注作者思考问题的角度，学习他们有针对性地表达观点的方法与论证思路。

3.学会发现问题，从合适的角度、以恰当的方式阐述自己的看法。

第十课
劝学
*师说

思政教育目标：

1.认识到学习的重要性及学习必须要做到积累、坚持和专一的道理，培养谦虚好学的风气和良好的品德。

2.培养尊师重道和谦虚好学的风气，感悟作者抨击时弊、坚持真理的精神。

核心素养目标：

1.了解荀子和《荀子》，韩愈和"说"的相关知识；掌握课文中出现的常用实词、虚词、通假字、词类活用等常见文言知识。

2.了解课文的议论结构，学会比喻论证、正反对比、"破""立"结合、反复论证的论证方法，锻炼围绕中心论点合理论证的能力。

3.能独立研读文章，总结中心论点，联系作者的思想主张和写作背景来理解体会作者观点。

4.结合今天的社会生活，分析荀子和韩愈的学习观中，哪些值得借鉴，哪些需要更新并赋予新的内涵，提出自己的独特见解。

第十一课　反对党八股

思政教育目标：

1.认识党八股对革命工作的危害。理解反对党八股、树立马克思列宁主义之风的重要意义。

2.培养实事求是、理论联系实际的学习作风，并联系到实际生活中去，认识"没有调查就没有发言权"。

核心素养目标：

1.了解文章的写作背景，认识"党八股"产生的根源与表现，理解文章中一些政治上的词语的含义。

2.掌握议论文三段式的逻辑思路和论证结构，分析理解本文"摆情况—论危害—挖根源—提办法"的论述思路和"分项列举，边破边立"的论证方法。

3.揣摩本文运用成语、俗语、引例、设喻使语言生动形象的方法及切中要害、深入浅出、语言准确的特点。

第十二课　拿来主义

思政教育目标：

1.学会用"拿来主义"的态度正确对待文化遗产。

2.不崇洋媚外，培养爱国主义精神，为祖国建设贡献力量。

核心素养目标：

1.了解鲁迅及其作品，对鲁迅杂文有初步的认识。

2.学会运用比喻论证等方法把深奥抽象的道理讲得深入浅出、形象生动的论证艺术；学习先破后立的论证结构，并能运用到自己的议论文写作中去。

3.读懂文章，从历史的角度理解当时社会背景下"闭关主义"，理解"拿来主义"的内涵，了解鲁迅在对待文化遗产问题上的态度。

4.鉴赏和品味本文犀利、幽默、讽刺的语言风格。

第十三课
*读书：目的和前提
上图书馆

思政教育目标：

1.体会阅读给人带来的精神境界的提升，树立正确的学习观和积极的人生观。

2.品味真正的图书馆之乐，主动阅读，积极学习。

核心素养目标：

1.了解黑塞、王佐良及其作品，了解他们读书的经历和感受，了解随笔的相关知识。

2.体会亲切自然、娓娓道来的语言特色，品味文中哲理性语句。

3.把握作者的观点态度，感受作者睿智的思考，了解经典对一个人获得教养的意义，以及真正的图书馆之乐。

4.厘清文章思路，了解层进式的论证结构，掌握文章严谨的逻辑顺序。

第七单元

教育目标

1.通过文学作品对自然的描写反观自然，提升对自然美的感悟力，激发对自然和生活的热爱之情。

2.阅读不同作家对不同景色的描写，以及引申出来的对人生、历史等的思考，在受到美的熏陶的同时，领会深厚的人文内涵。

3.体会民族审美心理，提升文学欣赏品味。

4.体会作者观察、欣赏和表现自然景物的角度，分析情景交融、情理结合的手法；反复涵泳咀嚼，感受作品的文辞之美。

第十四课
故都的秋
*荷塘月色

思政教育目标：

1.体会旧社会对文人的情感态度。

2.珍惜富强民主的新时代，树立正确价值观，树立理想。

核心素养目标：

1.了解中国现代写景散文的基本情况，体会散文"形散神不散"的特点，分析写景状物散文的结构和主题；对郁达夫和朱自清及其文学作品有基本的了解。

2.体会文章的艺术特色：《故都的秋》以情寓景、情景交融的特点，优美隽永、清新雅致的语言，领略故都的秋"清""静""悲凉"的意境；《荷塘月色》对比喻、通感的巧妙运用，以及动词、叠词的精心选用。

3.透过写景的文字，深入体会作者的思想感情：理解郁达夫对故都的眷恋心情，以及作为一个正直文人，不满于现实又无法找到出路的苦闷心境；了解朱自清寻求精神解脱和自由却又无法解脱的苦闷心情。

第十五课　我与地坛

思政教育目标：

1.明确"生命"的价值与意义，热爱生命，珍爱生命。超越身体的局限，把握好生命的过程。

2.感受并理解深沉而伟大的母爱。体悟残疾人的艰难，培养关爱残疾人的人道主义精神。

核心素养目标：

1.了解史铁生的生平，对写作背景有基本的了解，从而深入理解文章。

2.品味文章深沉、绵密、抒情的语言，体会文章的景物描写。

3.整体把握文章，探究"我"与地坛的关系，理解史铁生"荒芜冷落—生机盎然—活力永存"的心路历程，以及对生命的感悟。

第十六课
赤壁赋
*登泰山记

思政教育目标：

1.学习苏轼历经磨难后仍开朗乐观的豁达精神。

2.感受祖国河山的壮美秀丽，培养热爱祖国大好河山的感情。

3.认识反对束缚人才、追求个性解放的积极意义。

核心素养目标：

1.了解作者，写作背景，赋和记两类文体的相关内容，积累重要的文言知识。

2.体会《赤壁赋》融记叙、抒情、议论于一体的写作特点，鉴赏其音韵美和意境美；体会《登泰山记》简洁而生动、形象而优美的语言，巧妙的修辞，托物言志以及侧面烘托的写法。

3.赏析并学习文章的景物描写，进行艺术审美，并能进行知识迁移。

第八单元　词语积累与词语解释

教育目标

1.掌握有关词语的语法知识，总结词语的种类，分门别类积累不同的词语。认识古今词义的联系和区别，把握词义变化的规律，能根据语境理解词语的含义。

2.探究语言表达中词语选择的艺术，提高理解和运用词语的能力。对词语进行比较、辨析，并根据表达需要，恰当地选择和使用。

3.培养学生热爱祖国语言的情感。

第一单元

教育目标

1.掌握课文中出现的文言文基础知识，积累常见字词、句式、词类活用等；了解课文相关的文学常识和相关史实。利用工具书及教材注释自主翻译课文，梳理文章大意，理解课文内容。

2.理解课文思想内容和人物形象，学会辩证分析人物思想和行为，学习课文人物积极向上的思想和举动，树立符合社会主义核心价值观的人生观和价值观。

3.通过课文学习和课堂教学，培养分析能力、观察能力、共情能力、想象力等。培养对古文、经典阅读的兴趣；主动进行对比阅读，提升文化素养；体会不同典籍的艺术特色，培养对文学艺术美的感知。

第一课
子路、曾皙、冉有、公西华侍坐
*齐桓晋文之事
庖丁解牛

思政教育目标：

1.了解孔子、孟子、庄子的思想，辨证分析他们的思想在今天社会的适用性和价值；理解不同时代的思想需要，吸收其在当下产生积极向上影响的内容。理解文章的现实意义。

2.理解不同人的追求和目标，同时培养个性，追求理想，树立正确健康的人生观和价值观。

核心素养目标：

1.欣赏《论语》《孟子》《庄子》不同的行文风格和语言风格，比较欣赏其艺术特色；并将其运用到自己的写作中去。

2.掌握孟子的说理技巧；学习庄子敢于实践、熟能生巧、运用规律的精神；体会孔子及其弟子不同的选择和态度，跟自己对话，坚持自我，追寻梦想。

第二课　烛之武退秦师

思政教育目标：

1.培养爱国主义精神，危难关头勇于挺身而出，救国救民。

2.认识个人利益与集体利益、国家利益是一致的；应主动维护集体利益和国家利益，实现利益的最大化。

核心素养目标：

1.体会语言的力量，揣摩人物的言外之意；分析并学习烛之武的游说技巧，善于利用矛盾，采用分化瓦解的方法解决问题。

2.欣赏并学习《左传》用笔精炼、详略得当、波澜起伏、善于运用伏笔和照应的写作技巧。

3.培养分析能力和逻辑思维能力，从言语和行动分析烛之武等人的人物形象，体会人物的态度和言语，厘清烛之武成功退秦师的原因。

第三课 *鸿门宴

思政教育目标：

1.探究刘邦成功与项羽失败的原因，体会性格对政治、军事生涯乃至生活方面的影响；培养健康、积极向上的性格。

2.鼓励从不同角度理解课文人物，独立做出评价；保证在指导思想一元化的基础上，让学生的价值观多元化。

核心素养目标：

1.培养理性思考的能力，能正确看待历史事件，辩证评价历史人物。

2.培养分析能力和独立思考能力，能分析鸿门宴的起因、经过、结果，对不同人物性格和行为所起到的影响有整体和细节上的把控。

3.培养对文学之美和史实之丰满的感受能力，体会《史记》平易简洁又富有表现力的特点，感受鸿门宴事件的震撼。

第二单元

教育目标

1.了解戏剧的一般常识，习得戏剧人物鉴赏方法。把握情节，感知悲剧美，理解悲剧中的超现实主义、浪漫主义风格和现实主义风格。体会戏曲语言个性化和动作性强的特点，感知戏曲语言的美。比较不同背景和文化下、不同作家、不同戏剧的语言风格、艺术特色等。

2.感知戏剧中的冲突，理解三篇悲剧的主旨，并从中得出自己的感悟，强化正确的价值观。

3.培养对人物、文本和场景的分析能力和逻辑能力，发现美的能力；使学生拥有丰富的情感和充足的同理心，同时保有理智和判断力。

第四课　窦娥冤

思政教育目标：

1.认识封建社会吏治腐败的黑暗现实和统治者草菅人命的罪恶以及当时阶级矛盾的尖锐。

2.看到窦娥善良美好的品格、刚烈的性格以及强烈的抗争精神；能正确认识窦娥的抗争精神，了解其性格的现实意义。

核心素养目标：

1.了解中国古代戏曲的特点及其在中国文学史上的地位；掌握元杂剧的结构及其特有的舞台语言。

2.初步了解和感知关汉卿戏曲语言的艺术特色，体悟语言之美；鉴赏剧作的超现实情节，把握其充满生活气息的现实主义与想象奇特的浪漫主义相结合的表现手法。

3.体会想象、夸张的艺术手法对表现剧情和塑造人物形象的作用；赏析戏剧冲突，认识窦娥开始对天地鬼神的严厉指责与结尾要感天动地之间的矛盾。

第五课　雷雨

思政教育目标:

1.认识资产阶级伪善、冷酷、凶狠的阶级本性以及资产阶级家庭的浓厚封建性和腐朽，从而认识半封建半殖民地社会的黑暗和罪恶。了解20世纪30年代大变动的中国社会现实的悲剧。

2.正确理解周萍和繁漪之间的乱伦之情，在认识到其乱伦是黑暗社会压迫人性所导致的同时，也认识其不伦之恋是不正当的；树立正确的婚恋观念。

核心素养目标:

1.了解曹禺及其作品《雷雨》的基本信息，以及《雷雨》的思想性、艺术性。能分析《雷雨》的戏剧冲突、结构布局特点；通过分析个性化、动作化的人物语言，把握人物在特定情境下的特殊心态及其性格特点。

2.能品味话剧台词的丰富内涵，明了言外之意；体会话剧是语言的艺术，感受语言的丰富性和审美性。

3.把握周朴园性格的复杂性，综合判断他对鲁侍萍的感情；保有独立的分析能力，不被"左"的思想影响。

第六课 *哈姆莱特

思政教育目标：

1.认识作品反映出来的人文主义理想和强烈的反封建意识，认识其深刻的社会意义。

2.认识哈姆莱特的悲剧与其天命思想和悲观性格有关；树立积极向上的人生观、价值观、世界观，健康成长。

3.正确认识哈姆莱特复仇的意义，吸收人文主义思想中的精华。

核心素养目标：

1.了解莎士比亚及其剧作的有关知识，以及莎士比亚作品的艺术价值；认识欧洲文艺复兴时期的人文主义思想。

2.体会莎士比亚诗化的语言，欣赏其节奏的跌宕性和音韵的和谐性，以及体味形象生动的词语中体现出来的强烈激情。

3.能把握紧张、激烈的情节，从人物的言语、行为中分析人物心理和性格；理解主要人物间的复杂关系是如何推动情节发展的。

第三单元

教育目标

1.学习知识性读物的阅读方法，能把握关键概念和术语，厘清文章思路。

2.能体会作者阐释说明、逻辑推理的方法，体会文章语言严谨准确的特点，并将其运用到自己的写作过程中。

3.学习作者的创新意识、探索精神和科学态度，发展科学思维，能够运用所学，探究实际问题，形成自己的见解。

第七课
青蒿素：人类征服疾病的一小步
*一名物理学家的教育历程

思政教育目标：

1.体会并学习科学家们严谨求实的科学态度和勇于探索的科学精神，养成正确科学观。

2.体会科学研究过程中的艰辛与乐趣，激发为人类福祉探索的兴趣与热情。

核心素养目标：

1.了解相关的学科知识，培养对科学的兴趣与爱好，发展科学思维，培养科学精神。

2.学到科学的学习方法与思维习惯，培养筛选整合文章关键信息的能力，学会用结构分析法快速阅读文章与梳理文章主旨。

3.培养阅读实用类文本的能力，体会实用类文本在选材、结构以及语言上的特点；厘清文章结构，分析作者阐释说明、逻辑推理的方法，体会文章语言严谨准确的特点。

第八课 *中国建筑的特征

思政教育目标:

1.激发对中国古代历史悠久的建筑艺术的热爱,增强民族自豪感。

2.关注现代建筑的发展变革,理解大师的科学思想,培养科学精神。

核心素养目标:

1.了解中国建筑的特征,感受中国建筑之美,提高对我国建筑艺术的审美能力。

2.学习科普文章的语言特色,体会比喻手法的表达效果,在说明文或议论文的写作中有意识地学习和借鉴。

3.能厘清作者的说明线索,列出课文的结构提纲,洞悉关键语言信息;通过对课文的一些主要内容和观点展开讨论,提高探究问题的能力。

第九课 说"木叶"

思政教育目标：

1.体会中国传统文化的源远流长和博大精深。

2.热爱中国传统文化，主动探索中国传统文化，传承中华文艺之美。

核心素养目标：

1.感受诗歌语言的特点，尤其是中国古典诗歌语言的暗示性特点、中国诗歌意象的相对稳定性特点，提高对中国古典诗歌的理解力和领悟力。

2.养成咀嚼、回味的良好阅读习惯，主动体察诗歌艺术中的精微之处，做一个敏感而有修养的鉴赏者。

3.能举一反三，运用本课所学知识和思维分析诗歌同类现象或意象。

第四单元　信息时代的语文生活

教育目标

1.认识信息时代语言文字传播的新现象，了解不同媒介的语言特征，能够针对不同的媒介，撰写具有相应语言特征的文稿，提高以信息时代为背景的具体情境下的语言文字运用能力。

2.有意识地感受信息时代多种传播媒介对人们学习、生活、工作的影响；通过调查，分析不同媒介的传播特点，更好地适应信息时代的生活；学习辨识媒介信息，了解辨识虚假信息的基本知识、方法，并将其运用到生活中。

3.利用多种媒介传播信息，掌握报刊、广播、电视、网络等多种媒介传播信息的相关知识，并进行有效实践，不断提高媒介应用能力与审美能力。学习判断媒介信息的良莠，培养判断力，树立正确的人生观、价值观，提升媒介素养。

第五单元

教育目标

1.积累相关历史，文学常识，积累人文底蕴。

2.学习不同场合、不同文体的写作方式和技巧。

3.体会历史名人深邃的思想和远大的抱负，树立自己的理想目标。

第十课
在《人民报》创刊纪念会上的演说
在马克思墓前的讲话

思政教育目标：

1.了解马克思为历史科学和无产阶级所作的巨大贡献，学习他为人类无产阶级解放事业奋斗不息的精神，感受马克思崇高的人格魅力。

2.学习马克思勇于创新、注重实践、科学求实、无私奉献等伟大精神。

3.学习革命导师和仁人志士顺应时代潮流、勇于担当时代使命的精神，加深对"抱负与使命"的认识。

核心素养目标：

1.了解演讲词和悼词的相关常识及其特点；能厘清两篇文章的结构和逻辑，总体把握内容。

2.感受语言的力量：演讲词的针对性、鼓动性，马克思言语的幽默风趣、锋芒毕露又充满战斗力；悼词的深情和悲痛，恩格斯话语中的深层含义。能理解在不同场合不同环境，以不同身份发表讲话时所用的词句及其感情色彩和表达作用。

3.体会文章中深邃的思想和厚重的文化，充盈人文世界。敢于公开发表讲话，并运用从课堂中学到的知识和技巧。

第十一课
谏逐客书
*与妻书

思政教育目标：

1.认识到人才对国家建设所起的重要作用，加深对国家教育兴国人、人才强国战略的理解。

2.体悟仁人志士由小爱及大爱，为天下人谋福祉的革命豪情和理性自觉，培养高尚的人生观和价值观。

核心素养目标：

1.了解作者及文章的写作背景，理解文章内容和情感，加强对文言文的理解和鉴赏能力，积累人文底蕴。

2.品味两篇"书"的不同写法和语言风格，体会两者在态度、语气、表达方式、语体选择上的差异。

3.学习并运用不同的写作技巧：严谨缜密的论证结构，多样的论证手段；记叙与议论紧密结合，情真意切。学习并运用开门见山的劝谏方法，准确把握时机，层层深入，情理交融来劝说对方。

第六单元

教育目标

1.通过小说看到现实生活，描摹人情世态，丰富人生体验，提升对社会现实观察、分析、判断的能力，激发想象，培养高尚的审美情趣。

2.知人论世，在人物与社会环境共生、互动的关系中认识人物性格的形成和发展，关注作品的社会批判性。

3.体会小说的艺术手法，品味小说在形象、情节、语言等方面的独特魅力，欣赏小说不同的风格类型。学习用读书笔记或读书提要来记录自己的阅读感受和见解，借鉴小说技法进行创作。

第十二课　祝福

思政教育目标：

1.理解祥林嫂悲剧的社会根源，认识到封建思想和封建礼教的"吃人"本质，从而树立正确的政治观念，培养爱国情怀。

2.感受鲁迅冷峻叙述中所蕴含的强烈感情，触摸并学习鲁迅精神。

核心素养目标：

1.了解小说创作的时代背景以及当时社会的黑暗状况，掌握文章内容和思想。

2.掌握作品倒叙式的结构方式，人物与环境的相互作用，以及运用语言、肖像描绘人物的方法。

3.培养理解力和同情心，真切体会祥林嫂的痛苦和不幸，关注她的命运，分析她的死因，准确把握她的形象特征，理解她的挣扎，思考其悲剧根源，领悟作者的深意。

第十三课
林教头风雪山神庙
*装在套子里的人

思政教育目标：

1.了解林冲由逆来顺受、委曲求全到奋起反抗的思想性格的发展变化，从而认识封建社会里官逼民反，被压迫者不得不走上反抗道路的必然性。

2.理解《水浒传》社会意义，学会用历史眼光看问题，理解和谐社会、民生社会的价值所在。

3.认识沙皇专制统治的反动和黑暗，痛恨反对进步、畏惧改革的势力，培养创新精神。

核心素养目标：

1.掌握有关作者和相关作品的文学常识。

2.体会并学习人物塑造的特点和方法，关注景物描写、细节描写等；把握人物性格与思想，分析林冲思想性格转变及其转变的原因，理解别里科夫性格的复杂性；理解二人的典型性及其社会意义。

3.体会、赏析与学习小说的结构与风格：《水浒传》草蛇灰线的结构特点，环境描写对推动情节、塑造形象所起的重要作用；《装在套子里的人》幽默讽刺的艺术手法。

第十四课
促织
***变形记**

思政教育目标：

1.理解作品表现出的社会批判性：清朝"盛世"给老百姓带来的灾难，封建社会的罪恶；现代文明中人的生存问题，"现代人的困惑"。

2.体会作者对现实的洞察，对困境中的人的人文关怀，以及敢于发声的精神。

核心素养目标：

1.了解清朝讽刺小说，西方现代派文学和表现主义小说；了解作者蒲松龄和卡夫卡，知人论世。

2.把握并赏析小说或曲折离奇、跌宕起伏，或荒诞的情节，能从情节和人物形象中洞悉作者的写作意图，体会其思想感情。

3.阅读并赏析清朝讽刺小说和表现主义小说不同的艺术特色和写作技巧。培养创新意识和想象力。

第七单元　整本书阅读《红楼梦》

教育目标

1.对曹雪芹和《红楼梦》有一定了解。研读经典片段，激发对《红楼梦》的阅读兴趣，有探索更深内容的欲望，从而培养对中国古代长篇小说的阅读兴趣。

2.掌握阅读长篇小说的方法，能厘清《红楼梦》的情节、人物关系、人物形象与精神世界，把握小说的艺术特点。看到《红楼梦》中书写的人生、社会、与文化，能挖掘自己感兴趣的部分。

3.保持独立思考能力和分析能力，对作者的意图《红楼梦》的思想情感有自己的认识，能自圆其说。

第八单元

教育目标

1.体会古代士人心怀天下、敢于担当的情怀，培养关注社会政治问题的意识、洞悉社会政治问题的能力、敢于发声的勇气和爱国主义精神。

2.掌握疏、书、赋、论各自的特点，欣赏并比较其文章结构、写作手法、语言风格等。

3.体会作者的政治思想，并独立思考其在当今社会的现实意义，得出自己的结论并从中汲取精神力量。鉴赏并学习文章的说理艺术，学会在辩证分析和合理推理的基础上进行理性判断，养成大胆质疑、缜密推断的批判性思维方式。

第十五课
谏太宗十思疏
*答司马谏议书

思政教育目标：

1.体会并学习作者对国家大事的担当精神：魏征直言劝谏、王安石坚决推行新法。

2.学习居安思危精神，坚定目标与信念、不为流言所动的精神。

核心素养目标：

1.了解魏征和王安石的生平及其社会背景、作品等基本信息；积累常用文言词句的意义和用法，能理解文句的意思。

2.学习结构严谨、说理透彻的论证方法，先设喻明理，后据事发挥，引出主题的论证思路，感受两篇文章说理的逻辑力量。欣赏两篇文章行文简洁、说理严谨、理足气盛、骈散结合的特点。

3.理解两位政治家、文学家的思想，思考他们的思想在当时社会和现今社会的意义。

第十六课
阿房宫赋
*六国论

思政教育目标：

1.认识封建统治者骄奢淫逸、横征暴敛、草菅人命的罪恶。

2.领会苏洵关心国家、反对屈辱求和和主张抵御外辱的思想。

3.培养"天下兴亡匹夫有责"的历史责任感和"以史为鉴共创未来"的与时俱进意识。

核心素养目标：

1.了解杜牧和苏洵的生平及社会背景，以及其作品；积累课文中常见文言字词句，读懂课文；了解赋和论两种文体。

2.欣赏并学习《阿房宫赋》生动的比喻、丰富瑰丽的想象、大胆奇特的夸张等艺术特点，铺排手法和借古讽今，以及骈散兼行、音韵流畅的艺术风格；《六国论》围绕中心论点展开论证、严密的论证逻辑，借古讽今的写作特色，生动形象的语言特色。

3.体会文章的思想情感和作者的政治思想，并从中得到启示。

第一单元

教育目标

1.通过阅读，回顾历史、展望未来。激发中国人民当家作主的自豪之情，了解革命斗争中的具体事件，铭记革命者的战斗激情和革命人道主义精神，熟知社会主义建设时期党员干部的光辉事迹和认同祖国统一大业不可阻挡的趋势，坚定中华民族的伟大复兴必将实现的信念。

2.在阅读和鉴赏活动中，不断充实精神生活，完善自我人格，提升人生境界，逐步加深对个人与民族、个人与国家、个人与社会关系的思考，从而树立积极向上的人生理想。

3.了解开幕词、演讲稿的有关知识，了解新闻的一般结构和特点，了解人物通讯的特点和写法。学会厘清文章的线索、情节；赏析并学习运用各种思路清晰、构思精巧的行文结构，学会在实践中运用记叙、描写、议论、抒情等多种表达方式。

4.学习课文人物积极向上的思想和举动，树立符合社会主义核心价值观的人生观和价值观。

第一课　中国人民站起来了

思政教育目标：

1.理解新中国成立的艰辛，认识新中国成立的重大意义；体味伟人蕴涵于作品中的深挚情感，博大的情怀，感受革命者的优秀品质。

2.探究革命精神传承的时代意义；感受革命者的博大情怀和革命壮志，培养学生们的爱国热情，提升民族自豪感。

核心素养目标：

1.了解开幕词、演讲稿的有关知识；品味表达情感的关键句段；深入体味，正确把握，有感情地朗诵。

2.分析明确文章中各种鲜明情感；学习准确使用鲜明情感词和判断句表达情感的方法。

第二课　长征胜利万岁
大战中的插曲

思政教育目标：

1.了解作者及长征背景，把握中国工农红军完成长征这一伟大壮举的历史意义和现实价值。探讨长征精神，学习长征精神，激发爱国热情。

2.把握文章的思想内涵，感受伟大的革命人道主义精神。了解聂荣臻将军这一人物形象所具有的革命人道主义精神、至仁至义的品质以及作为政治家、军事家的远见卓识的特点；明白八路军怀有革命人道主义精神，是一支不畏强敌的仁义之师、正义之师，学习八路军身上的优良品质。

核心素养目标：

1.能够概括文章所记述的主要事件，并体会作者在记述中所表达的思想感情。

2.赏析作者运用记叙、描写、议论、抒情等多种表达方式来进行场面描写的写作技巧，体会其表达效果。

3.厘清全文的线索、情节；赏析并学习运用本文这种思路清晰、构思精巧的行文结构。鉴赏本文运用的手法，体会表达效果；学习在实践中运用本文的表达方式。

第三课　别了，"不列颠尼亚"
县委书记的榜样——焦裕禄

思政教育目标：

1.了解历史，勿忘历史，激发爱国热情。进一步培养学生热爱祖国、珍惜领土的思想品质，激发其民族自信心和自豪感。

2.了解并归纳焦裕禄的"亲民爱民、艰苦奋斗、科学求实、迎难而上、无私奉献"的具体事迹。通过典型实际，激发学习焦裕禄心系百姓、一心为公的大公无私精神，培养共建中国特色社会主义的热情。

核心素养目标：

1.了解新闻的一般结构和特点，掌握本文以时间顺序组织材料的写作特点。能够分清现实场景和背景材料，并分析其作用。品味本文庄重、含蓄的语言风格，理解语言中所蕴含的感情。

2.了解人物通讯的特点——人物通讯的关键是抓住人物特点，揭示出具有鲜明个性特征的人物的情怀和思想境界。要求写作中既见事、又见人，通过典型事例了解人物风貌；学习本篇人物通讯"以言见人"的特点。

3.学习本篇人通讯典型的语言描写、神态描写、动作描写等特色描写手法；鉴赏本篇人物通讯描写、抒情、议论等多种表达方式的综合运用。

第四课　在民族复兴的历史丰碑上——2020中国抗疫记

思政教育目标：

1.厘清文脉，概括文意；品味富有名言、诗句和格言穿插使用的语言效果。

2.学习选取典型案例，多角度展示事件的方法；点面结合、多种表达方式结合的写作方法；比较事件通讯和人物通讯的异同。

3.体悟宏阔和深刻之情感美，荡气回肠、打动人心的力量的语言美。

核心素养目标：

1.理解并传承中国人民在抗疫行动中体现的百折不挠、众志成城、甘于奉献、命运与共、天下一家的精神品格。

2.把握新闻报道的真实性和文学性，掌握事件通讯和人物通讯的区别，理解报道中所蕴含的作者的情感态度。

第二单元

教育目标

1.先秦诸子，百家争鸣，百花齐放。通过学习先秦诸子，追寻传统文化这棵大树的根。注意领会先秦诸子对社会人生的洞察，思考其思想学说对立德树人、修身养性的现实意义。

2.通过学习先秦诸子，感受先秦诸子或雍容或犀利或雄奇或朴拙的论说风格，理解各家论说的方法，领悟其妙处。

3.使用自主、合作、探究的学习方式，利用工具书及教材注释自主翻译课文，梳理文章大意，理解课文内容。掌握课文中出现的文言文基础知识，积累常见字词、句式、词类活用等；了解课文相关的文学常识和相关史实。

第四课　《论语》十二章
大学之道/《礼记》
*人皆有不忍人之心

思政教育目标：

1.联系自身学习经历，体会课文丰富精彩的内蕴，端正学习态度，改进学习方法。通过学习，了解孔子和儒家思想，了解孔子和他的弟子们的人格修养、治学态度和处事方法等。通过感受孔子光辉的人格魅力，开阔自己的胸怀，提高处世的能力。

2.理解仁、义、礼等儒家思想核心概念，分析孔子关于"君子"之德及修身养性之德基本观点。把握本文在治学目标、人生目标上的启示作用，思考儒家智慧对塑造中国民族精神的作用。

3.了解孟子性善论、仁义论在现实生活中把人性向善的方面引导有着重要的作用，有利于维持人与人之间的良好关系，提高人们的精神境界和道德修养。自觉接受教化与环境的培育与熏陶，将社会道德作为人的行为的自觉规范，促进自身道德责任感的形成。

核心素养目标：

1.通过朗读揣摩，感受孔子的教育思想和人格魅力；了解《论语》的有关知识，明确其在历史上的价值。掌握重点字词的读音、含义，能熟读背诵、默写全文。理解、运用其中关于学习的名言警句，培养文言翻译能力。

2.落实文言基础知识，了解相关文学常识，疏通文义。明确大学的宗旨以及"三纲""八目",明白这些内容的逻辑关系。梳理本文论说逻辑,赏析本文论说风格。

3.了解孟子及其作品,了解孟子的思想。把握孟子"仁政"的观点,理解其现实意义。读课文,分层次,疏通文义,把握文章思路;掌握文中重要的文言实词、虚词及特殊句式等文言基础知识。赏析本文写法方面的特点:运用比喻,使抽象的道理变得通俗易懂;运用排比,精炼整齐;举例论证,形象生动,易于接受。

第五课
《老子》四章
*五石之瓠

思政教育目标：

1.通过学习《老子》四章选文，学会辩证分析"有""无"的关系；懂得不要"自见""自是""自伐""自矜"，不可急躁冒进；提醒学生加强个人品德修养，重在修身；明白事物发展变化的规律道理，要慎终如始。

2.理解老子的辩证思想，注意区别对待思想中的消极因素。把握《老子》当中的人生智慧及其启示意义。

3.学习庄子擅长从常人认为没有价值的事物中发现价值的品质。同样的东西用在不同的地方，其效果大不一样；对待事物，学生要更善于去发现这个事物的最大价值，从而完美地利用它。

核心素养目标：

1.探究《老子》四章所阐释思想的深层认识。分析文中所论美丑、善恶、有余和不足的认识。理解选文的思想内容，思考其现实意义，学习"以喻说理"的写法。赏析本文写法特点：善于运用具体形象表现抽象哲理；善用逆向思维；语言凝练精妙，多用格言、警句。

2.了解庄子的生平及思想主张，了解《庄子》的相关知识。掌握文中重要的文言词语和特殊句式，在疏通文义的基础上，探讨课文的深刻内涵。

3.学习庄子善于用设喻的方法，采用寓言的形式来说理的艺术手法。准确把握《庄子》长于借助寓言，婉曲达意的艺术效果；赏析运用对话描写刻画人物的艺术特色；在"有用"与"无用"的相互转化中，体会本文的思辨性；注意品味《老子》和《庄子》不同的论述风格和语言韵味。

第六课 *兼爱

思政教育目标：

1.明辨儒家"仁爱"与墨子"兼爱"的异同，建立"大爱"的情怀；学习墨子关心社会、关爱他人、积极救世的精神。

2.学习墨子，梳理墨子论述的践行兼爱之道的具体方法，将其中有借鉴意义的做法运用在生活实践中。

核心素养目标：

1.掌握常见的文言词语和句式；了解墨子的生平和思想。

2.厘清文章的说理结构，明确本文的中心观点为"天下兼相爱则治"；学习本文运用类比和举例说理的写法。

3.探究本文注重逻辑，质朴深刻的说理之美；学习领会墨子语言浅显，论证繁复的写作风格。

第三单元

教育目标

1.学会联系相关历史文化知识，体察小说展现的千姿百态的社会生活，感受人类文化的丰富多彩。

2.了解小说的多样化的风格样式，从主题内容、叙事手法、语言风格等多方面入手把握作品独特的艺术成就。

3.总结小说的艺术特色，提升小说的鉴赏能力，并尝试写小说。

第七课 大卫·科波菲尔（节选）

思政教育目标：

1.作者以敏锐的目光，洞察了资本主义制度下的社会现实，揭露了资本主义社会的种种矛盾和隔阂，体会作者对资本主义制度的失望和批判。

2.通过学习，体会文中美与丑鲜明的对比，把握作者宣扬的人道主义精神、民主思想，以及"善有善报，恶有恶报"的道德观。培养自身善良、宽厚、仁爱等美德。

核心素养目标：

1.了解作者查尔斯·狄更斯，了解小说创作背景；梳理把握小说情节，把握小说人物的形象特征；体会作者对小说人物的情感，把握作者对当时社会现实的态度。

2.了解自传体小说曲折生动的结构，跌宕起伏的情节，有血有肉的人物形象；学习小说通过外貌描写、语言描写、动作描写等塑造人物形象的方法；体会小说叙述视角的变化带来独特的艺术效果，特别是其中的情感意味。

第八课　复活（节选）

思政教育目标：

1.通过探讨本文中人的精神的"复活"，了解那个时代和社会的罪恶和腐朽反动。

2.理解作者宣扬的关于赎罪、拯救灵魂、禁欲主义、"不以暴力抗恶""道德自我完善"等观点和作者的宗教"博爱"思想，从而培养自身善良、宽厚、仁爱等美德。

核心素养目标：

1.了解作者列夫托尔斯泰的生平经历和主要作品；了解复活的主要内容，理解题目"复活"的意蕴；把握全文的情节，概括人物形象；理解"托尔斯泰主义"。

2.学习小说中肖像、语言、动作、心理等刻画人物形象的方法，提升艺术审美能力和写作能力；赏析时学会通过细节把握人物性格，体会作者在其身上寄托的人生理想。

第九课　*老人与海（节选）

思政教育目标：

1.通过学习，激发震撼人心的顽强力量，学会老人永不服输，直面挫折，学会坚强、勇敢、永不言弃的精神。

2.树立积极向上的乐观的人生观。

核心素养目标：

1.了解作家海明威的生平与文学功绩；通过阅读抓住主要梗概，把握小说的主要内容；进而对重点段落和人物的内心独白进行细读，揣摩小说的凝练而又精当语言和赏析冷静密实的叙事风格。

2.结合文中人物的经历和语言分析，揣摩本文的哲理和象征意味，并围绕老人这一失败英雄的形象及象征意义，体会小说所赞颂的"人的灵魂的尊严"。

第十课 *百年孤独（节选）

思政教育目标：

1.作者对布恩迪亚痴迷于科学实验的描绘，强调了马孔多对外来科学和文明的向往和追求，要从中学习积极进取的精神。

2.孤独不仅弥漫在布恩迪亚家族和马孔多镇，而且渗入了狭隘思想，成为阻碍民族向上、国家进步的一大包袱。作家希望拉丁美洲民众团结起来，共同努力摆脱孤独。从对《百年孤独》的学习中，要学会乐观积极，永不退缩地走出去，寻找并融入新的世界。

核心素养目标：

1.梳理小说内容，理解小说题目的含义，探讨造成马孔多百年孤独的原因。

2.赏析这篇小说的叙事特点：小说基本保持了一种追忆或倒叙的视角，但小说情节铺垫的逻辑起点却是"现在"。学习在创作中运用这种既突出了小说的历史意识，又突出了作品的现实意义时序写法。

3.了解魔幻现实主义小说奇幻和现实交融的特点，理解魔幻现实主义小说与传统现实主义小说的区别。学习其夸张的艺术表现手法。

第一单元

教育目标

1.学习本单元文章，或阐释社会历史发展规律，或论述学风改造的问题和正确思想的来源，或阐述真理的检验标准，或探讨个人立身处世的原则……通过学习来加深学生对社会、历史和人生的认识。

2.学习理论著作，尤其是恩格斯和毛泽东的文章，学习并理解历史唯物主义和辩证唯物主义的世界观和方法论，在生活中用正确理论指导实践。研读经典理论文章，获得思想启迪，提升思想品质。阅读时学会参考相关资料，抓住主要概念，把握核心观点，厘清论述思路，感受文章的思想力量。

3.学会欣赏文章的论证艺术，体会语言表达的准确性和严密性。提高自身的作品鉴赏能力和艺术创作能力。

第一课　社会历史的决定性基础

思政教育目标：

1.学习恩格斯论述问题的辩证思维和严密的逻辑性，厘清经济基础与上层建筑的辩证关系。

2.学习并理解历史唯物主义和辩证唯物主义的世界观和方法论，在生活中用正确理论指导实践；对待任何事物，学会总体把握和把握总的联系。

核心素养目标：

1.了解恩格斯的生平经历及文章的创作背景，了解马克思的哲学思想，积累文学常识；梳理文章层次，提取主要观点，厘清经济基础与上层建筑的辩证关系。

2.学习恩格斯论述问题的辩证思维和严密的逻辑性，学习文中的论证方法；深入了解历史发展的偶然性、必然性，以及它们之间的关系。

第二课　改造我们的学习
人的正确思想是从哪里来的

思政教育目标：

1.通过学习《改造我们的学习》，要认识到理论联系实际的重要性，要不断推进学习，树立正确的学风。要坚持马克思主义的世界观和方法论，坚持一切从实际出发，坚持实事求是，以马克思主义的世界观和方法论为指导，具体地分析和解决中国的实际问题。思想认识水平的提高，与始终坚持理论联系实际的优良作风密不可分。

2.学习辩证唯物论的认识论。理解认识源于实践，实践是检验真理的唯一标准，初步了解辩证唯物主义的认识论及其实际的观点，理解实践和认识、存在和意识的辩证关系。

3.明确实践的观点是认识论第一的基本观点；实践是检验真理的唯一标准；一个正确的认识往往要经过由实践到认识、认识到实践的多次反复才能完成。

核心素养目标：

1.掌握议论文的提出问题（引论）、分析问题（本论）、解决问题（结论）的"三段式"逻辑思路和论证结构。学习运用在对比中褒贬分明的论证方法；掌握快速阅读、准确筛选信息的方法；学习赏析并运用准确、严谨、生动、活泼的语言。

2.了解作者毛泽东和本文的写作背景以及在当时的重要意义。通过对文中重要语句的分析，深刻理解文章的内涵。

　　3.鉴赏文章准确、严谨、生动、活泼的语言特点，学习运用事理进行层层深入的论证方法；学习本文运用设问提出论点，进而通俗地阐明道理的写法。

第三课　实践是检验真理的唯一标准

思政教育目标：

1.全面理解"实践是检验真理的唯一标准"这一马克思主义认识的基本理论，把握本文思辨性的特点。

2.学习冲破思想束缚，解放思想的精神，正确认识把握理论与实践的关系。

核心素养目标：

1.了解文章写作的历史背景，全面理解实践是检验真理的唯一标准的深刻内涵及重大现实意义。

2.了解时政评论类文体的特点，学习本文事理论证和破立结合的论证方法。梳理本文小标题之间的内在联系，体会文章的严谨、准确的语言特色。学习本文立论和驳论相结合，在演绎推理中展开论述的写作方法以及理论论证、举例论证、比喻论证、对比论证的论证方法。

3.了解"实践是检验真理的唯一标准"这一马克思主义认识的基本理论，了解本文运用经典理论文献和典型事例论证观点的方法。

第四课　修辞立其诚
*怜悯是人的天性

思政教育目标：

1.作者运用唯物主义观点，对在"立其诚"方面存在的问题作出了分析和批判，强调做人要"说真话、讲实话"，具有深刻的现实意义。

2.理解文章观点的社会现实意义，从中得出对自己的启示。了解本文"修辞立其诚"的观点及其现实针对性，注意品德修养，养成求真求实的文风。涵养自身的品德修养，养成言行一致、心口一致的诚实品格。

3.事实表明，善是人的本性，怜悯心作为一种善，是人类最普遍和最有用的一种美德。学习探索两篇文章蕴含的理性精神和深刻的人生智慧，理解其中深挚的人文关怀。培养善良、仁慈、宽容的高贵品德。

核心素养目标：

1.了解作者和文章写作的历史背景，理解文章的关键概念，整体把握和领会文章的思想内涵及其秉持的价值理念。

2.梳理文章的论述思路，学习举例、引用等论证方法，体会严谨准确、简易朴实的语言特色；通过划分层次，厘清文章思路，掌握文章结构，并学会在写作中加以应用。了解卢梭及其作品，了解本文写作的相关背景。理解文章中的关键概念，把握核心观点，理解关键句子的含义。

3.梳理文章论证的脉络，分析论证特点。梳理文章论证的脉络，赏析本文破立结合、举例论证、推理演绎的写作特点，并运用在创作过程中。

第五课 *人应当坚持正义

思政教育目标：

1.理解"正义"理念的内涵，从中获得有益的人生启示，形成一定深度的思考和判断。

2.苏格拉底具有追求真理、舍生取义的精神，学习他身上的精神，培养自身正义感。

核心素养目标：

1.了解苏格拉底的人生轨迹，学习其追求真理、捍卫正义的精神；把握文中一系列正义理念的内涵，准确理解苏格拉底提出的观点。

2.体会苏格拉底层层铺垫、步步设问的提问技巧，提升辩论能力；掌握类比论证等论证方法，学习运用多种论证方法增强说服力的技巧，在写作中加以运用；体会高超的劝说技艺和严密的逻辑思维。

第二单元

教育目标

1.了解旧中国的苦难和新中国的斗争，思考中国革命的意义，理解革命文化的精神内涵。通过学习本单元内容，帮助学生更好地认识历史，把握当下，树立当代中国人的文化自信。

2.深刻认识革命历程，激发奋发向上的精神力量。

3.了解纪实作品和虚构作品各自的特点和表现手法，欣赏作家塑造艺术形象的深刻功力和富有个性的创作风格。

第六课　记念刘和珍君
*为了忘却的记念

思政教育目标：

1.领悟作者在叙事中表现出的鲜明的观点与态度，提升自己的思想品位，树立正确的情感、态度与价值观。这篇文章揭露了帝国主义和封建军阀的罪行，痛斥了帮凶文人的卑劣行径，颂扬爱国女青年勇毅不屈的精神，激励革命者继续战斗。通过学习这篇文章激发学生爱国热情，培养坚毅不屈的奋斗精神。

2.体会作者的悲愤心情，认识国民党杀害革命作家的罪行，学习五烈士为革命献身的可贵精神，缅怀纪念为人民牺牲的烈士。

核心素养目标：

1.识记鲁迅的生平、作品及其在文学史上的重要地位；概括刘和珍君的有关事迹，梳理本文的情感发展脉络，体会鲁迅在字里行间表达的"至情"，以及对烈士牺牲意义的思考。

2.揣摩作品中语义丰富的语句，体悟作者用语上的特点；学习本文通过典型事件塑造人物及运用多种表现手法刻画人物的写作方法；赏析本文错综的记述和深刻的议论与强烈的抒情相结合，悲愤中深藏着昂扬的革命战斗激情的写作特点，形象化的语言和辛辣的讽刺，提高艺术鉴赏能力和创作能力。

3.疏通课文，分析探讨课文题目的意义，了解写作背景与写作目的，理解本文的主题思想，把握作者的思想感情。学习本文以"纪念"为中心，紧扣题意，夹叙夹议和抒情相结合的写作方法，理解鲁迅的含蓄曲折笔法的深刻寓意，体会作者的悲愤心情。

第七课 包身工

思政教育目标：

1.联系时代背景，反复阅读课文，认识包身工制度的罪恶，把握作者对包身工的同情和对黑暗制度的批判。

2.通过学习，培养学生关注社会、关心时事的兴趣，培养对人的尊严和生存权利以及劳动权利的尊重，培养社会责任感和人权意识。

核心素养目标：

1.了解作者及本文的创作背景，了解报告文学的一般特征和结构方式，培养阅读报告文学作品的能力，培养筛选信息的能力。

2.抓住新闻事实和新闻背景，把握课文的线索，领会文章的主旨。掌握新闻事实、背景材料、作者的主观评价三方面的内容，并学会据此分析一篇新闻的主要内容和写作特点。

3.反复阅读体会本文的表达方式和点面结合的写作方法。学会运用多种表达方式，在复杂记叙中有条理地穿插描写、议论和抒情手法。

第八课　荷花淀
*小二黑结婚
*党费

思政教育目标：

1.了解白洋淀地区人民的抗日斗争生活，激发学生的爱国热忱和革命乐观主义精神。培养学生爱生活、爱家乡、爱祖国的情怀，增强民族自信心和自豪感。

2.感受并理解作者讴歌新社会的胜利，讴歌反对愚昧、落后、迷信斗争的胜利，讴歌农民打倒封建恶霸势力的胜利的思想感情。体会人民群众对美好生活的向往和追求。

3.体会小说所表现出来的革命英雄主义和革命情怀，以及传达的崇高的自我奉献的牺牲精神，提高思想追求。

核心素养目标：

1.了解作者孙犁及其作品的基本特点，了解"荷花淀"派的艺术风格。厘清文章脉络，把握文章的主要内容和主题。品味小说诗化的语言，理解充满诗情画意的景物描写和传神的对话对刻画人物性格和推动故事情节发展的作用。学会运用生动传神的对话，描写表现人物性格的写法。培养运用联想和想象阅读鉴赏文学作品的能力。

2.了解作者赵树理及其作品小二黑结婚的主要内容，了解"山药蛋派"，了解小说的创作背景；概括小说主要人物和情节，分析要表达的中心主旨。结合情节，重点把握二诸葛和三仙姑两位人物形象，分析他们主要性格特征及其产生的原因。学习小说塑造人物形象的方法。品析小说极具"土味"、简洁明快、幽默生动的语言风格。

3.把握"党费"的多重含义，理解文章的主旨。厘清全文线索，梳理小说的情节，分析黄新的形象。注意分析小说运用细节和动作刻画人物形象的特点，学习通过人物对话、细节描写来表现人物性格的表现手法。

第三单元

教育目标

1.了解历史，不忘过去，看清前进的方向；尊重历史，以史为鉴，更好地走向未来。阅读经典作品，学习古代史家的历史观念、开创精神和总结历史经验教训。

2.学习本单元，"回到历史现场"，鉴赏作品的叙事艺术和说理艺术，领会其中体现的历史观念、家国情怀和担当精神。理解史家对笔下人物的认识和评价，把握论者的观点和论述方式，学习和借鉴他们思考社会现实问题的态度和方法。

3.丰富文言文的语言积累，学会在具体语境中分辨词语的意义和用法，把握古今汉语的差异与联系。

第九课　屈原列传

思政教育目标：

1.通过学习《屈原列传》，学习屈原的爱国精神和志洁行廉、刚正不阿的高尚品德，塑造健全高尚的人格。

2.重点理解作者把屈原个人遭遇同楚国命运紧密结合起来的用意。

核心素养目标：

1.了解屈原的生平事迹，理解作者把屈原个人遭遇同楚国命运结合起来论述的用意，作者司马迁"悲其'志'"的原因。通过探索屈原个人的身世浮沉与国家生死存亡的内在联系，领会屈原的人格风采。

2.品味作品粗笔勾勒和细节的工笔描绘相结合的精湛的叙事艺术。学习《屈原列传》在叙事中融入大段议论，论中有情、直抒胸臆的叙述特点。

3.理解文中重要古今异义词，注意这一类词在具体语境中的应用。

第十课 *苏武传

思政教育目标：

1.学习苏武的顽强意志、爱国主义精神和坚强不屈的信念。

2.培养爱国品质，探索新时代中如何继承苏武的伟大民族精神。

核心素养目标：

1.引导学生充分体会文章简洁整饬的语言、生动入微的细节。掌握课文中出现的相关文言文知识；注意梳理情节脉络，感受苏武的人格力量，探寻他备尝艰辛却矢志不渝的精神力量源泉。

2.鉴赏作品精于裁剪，善用对比，灵活选取人物的典型语言的艺术手法。学习其叙事艺术，体会作者寓于其中的情感倾向；学习文中的词类活用现象，如意动用法、使动用法，并体会他们在文中的意义。弘扬爱国主题，引导学生探讨新时代中如何继承苏武的伟大民族精神。

第十课　过秦论
*五代伶官传序

思政教育目标：

1.认识贾谊对秦代的批判——"仁义不施"是秦王朝快速灭亡的原因，了解作者反对暴政和提倡仁政的政治主张在当时条件下的进步意义。思考贾谊的思想对当今社会的意义。

2.理解"满招损，谦受益"等警语的深刻意义及其对人生的启示；明白忧劳兴国，逸豫亡身的道理，在反复诵读中理解欧阳修对国家强烈的责任意识以及文中警句对人生的启示。

核心素养目标：

1.学习课文从史实对比中引出结论的写作方法，理解课文中对偶排比等修辞手法在表情达意方面的作用，并结合单元知识短文，掌握如何在翻译中恰当处理修辞格的知识。学习《过秦论》以赋体写史论，多用夸张、对比，通篇一气贯注，气势充沛，铺张扬厉的艺术特点。

2.了解课文涉及的古代思想政治观点，贾谊的反对暴政，提倡仁政的观点和这种观点同西汉初期提倡"与民休息"政策的关系。学习从历史和现实相结合的角度，运用历史资料提出中心论点的方法。掌握本文的重点文言实词，体会本课叙述时极力铺张渲染、议论时使用对比论证的写作特点。

3.了解欧阳修以及新五代史的相关知识，积累文化常识，把握作者的行文思路，了解史论的一般写法，品味作者的语言艺术，领悟文章的中心思想。学习掌握此类活用的语言现象，体会正反梳理、突出中心的写法。积累常见文言实词的含义，文言虚词的意义及用法，掌握词类活用和文言句式，学习本文严谨的论证结构和论证特点。学习正反说理，突出中心论点的写作方法。

第四单元

教育目标

1.阅读外国文学作品，可以开阔视野，培养开放的文化心态，提升人文素养。

2.本单元学习外国戏剧和诗歌，四首外国诗歌，风格多样，各臻其美，让我们领略诗歌世界的丰富多彩。

3.学习本单元，要理解作品的内涵，领会多样的文化观念，尝试探讨作品所反映的社会文化差异，感受人类精神世界的丰富。着重把握戏剧的矛盾冲突，体会对话在推动情节，塑造形象、揭示主题等方面的作用：要通过诵读感受诗歌的氛围，体会意象和隐喻，把握诗歌语言和情感的内在节奏，体味诗歌意蕴。

第十二课 玩偶之家

思政教育目标：

1.通过对易卜生与《玩偶之家》的了解，引导学生正视现代社会中家庭及女性问题的重要性。

2.强化尊重人、尊重女性的社会意识，倡导女性自尊、自爱、自信、自强。

核心素养目标：

1.这部剧作尖锐地提出了家庭中妇女地位的问题，给当时欧洲保守而又伪善的社会道德一记响亮的耳光。阅读时，注意抓住人物言行前后的变化，分析娜拉和海尔茂这两个人物的性格，理解他们之间矛盾冲突的本质，从而把握作品的思想意蕴。

2.《玩偶之家》属于"社会问题剧"，阅读时，要注意结合作品强调在舞台上呈现当代人的日常生活（而不是古代王公贵族或骑士游侠的传奇故事）等特点，还要注意分析作品中的"戏剧性事件"以及"突转"手法的运用，领略剧作家独特的艺术创造。了解戏剧事件对推动人物性格的冲突和发展的意义。

第十三课　迷娘（之一）
致大海
*自己之歌（节选）
*树和天空

思政教育目标：

1.鉴赏诗歌的语言美、结构美、意境美、情感美。体会诗歌中所表达的对家乡的思念和对美好世界的追求。

2.理解诗歌中对现实和自我的思考，感受诗人在重重束缚下迸发出的斗争激情。体味和学习诗人对自由的热烈向往和积极奋进的精神。

3.感受诗歌中涌动的旺盛生命力和凸显出的宏大的自我，树立自我意识，重视对个体价值的审视与思考。

4.鉴赏诗歌的语言美、结构美、意境美、情感美。思考自然的生生不息、生命的奇迹和人与自然的关系，培养热爱自然、热爱生活的美好情感。

核心素养目标：

1.理解诗歌，领会诗歌的内涵；体会出诗歌采用复沓叠唱结构形式的妙处，掌握这种写法。通过阅读，体会出诗歌所表达的炽烈的对父亲的爱、对家乡的思念和追求美好世界的感情，接受真挚、深沉、哀婉、含蓄的美感教育。通过阅读，感受诗歌回环往复的声韵之美，体会其浓厚的抒情氛围。

2.鉴赏诗中作为诗人反抗意志的象征的大海，揣摩诗的意境，结合时代背景，理解抒情主人公复杂的心绪，厘清本诗的感情线索，注意体会这首诗歌内在情绪的起伏跌宕。学习本诗借景抒情、融情于景的写法，厘清结构层次，品味本诗形象生动的语言。

3.了解惠特曼的创作成就及其在世界文学史上的地位；体味本诗歌的开阔意境，宏大气魄和质朴而明朗的力量；学习诗歌中对比、排比等修辞手法的运用。诵读诗歌，体会诗歌的语言特征和艺术效果，了解外国诗歌的写作风格和特色，学会结合时代背景赏析诗歌情感；体会诗歌意象选取的方法和效果，分析诗歌运用的手法和表达的感情。

4.体会诗歌的写作特色，如奇特的想象、鲜明的意象、朦胧的意境等。鉴赏诗歌的意境美、朦胧美。

第一单元

教育目标

1.通过本单元的研习，可以增进对古典诗歌体式和源流的了解。

2.学习本单元，要围绕"诗意的探寻"展开研习，品味诗歌之美，感受古人的哀乐悲欢，把握诗歌蕴含的传统文化精神，认识古典诗歌的当代价值。

3.结合以前所学，了解我国古典诗歌的发展脉络，并比较不同体裁的诗歌在节奏韵律、表现手法，艺术风格等方面的异同。

第一课　氓
*离骚（节选）

思政教育目标：

1.思考造成婚姻悲剧的原因，树立正确对待感情的态度和为自己的人生负责的意识。

2.通过鉴赏《离骚》的优美诗句，学习屈原追求美政、忧国忧民的高尚品德，以及他为追求理想九死而未悔的精神。开阔视野，充实对作品的理解，培养高尚情操。

核心素养目标：

1.学习《诗经》的有关知识，掌握诗歌的赋比兴手法。培养结合注释，理解诗作的能力，反复朗读并掌握文中重点实词虚词的用法，理解女主人公情感的变化，鉴赏诗作中个性鲜明的人物形象。

2.体味其将叙事和抒情巧妙结合起来的艺术手法。仔细体会女主人公心理的前后变化，感受诗歌"怨而不怒，哀而不伤"的抒情特征。

3.了解《离骚》是《诗经》以后的一次诗体大解放，是楚辞体的代表作品。结合《屈原列传》，把握诗歌中"香草美人"的象征意义，体味诗人的情态。诵读时，要注意诗中繁复的意象、回旋复沓的表达、独特的节奏韵律，感受其中澎湃激荡的情感。了解以屈原为代表的积极浪漫主义和创作手法：丰富的想象、形象的描写。

第二课　*孔雀东南飞并序

思政教育目标：

1.了解封建家长制度和封建理教摧残青年男女幸福生活的罪恶。

2.理解诗中男女主人公真挚的感情，激发学生们追求美好生活的热情。

核心素养目标：

1.了解乐府诗是汉魏六朝时期重要的诗歌类型和其现实主义传统，学习时要注意体会诗歌的语言风格，以及运用对话推动情节发展、塑造人物形象的特点。

2.阅读时注意体会这首诗在不同情境下刻画人物的不同表现，如府吏"举言谓新妇"几句和"低头共耳语"几句意思大体相同，却不能互换；又如面对母亲、兄长的劝嫁，兰芝对母亲是"含泪答"，对兄长则是"仰头答"。

3.学习文中特殊的复音词，如"便可白公姥""昼夜勤作息""逼迫兼弟兄"，均由两个意义相关或相反的语素构成，但整个复音词的意思只取其中一个语素的意义，另一个起陪衬作用。这样的复音词称为"偏义复词"。诵读诗歌时，注意体会这些词的语义特点，掌握它们在不同语境中的应用。

第三课　蜀道难
*蜀相

思政教育目标：

1.丰富的情感世界，提高文学素养。了解李白怀才不遇、壮志难酬的苦闷和激愤之情。培养学生不怕艰难、勇攀高峰的拼搏精神。

2.本诗表达了对诸葛亮才干、德行的称颂及对其"出师未捷身先死"的惋惜，也暗含着作者感时忧国的情怀和以身许国的抱负。体会诗人杜甫壮志难酬、忧国忧民的爱国主义精神。

核心素养目标：

1.了解李白的生平和作品风格，了解本诗的创作背景和创作目的，感知诗的感情基调，疏通大意，把握全诗的行文脉络。把握诗人奔放的感情和诗歌的寓意，品味诗歌的艺术特色，感受诗歌的意境美和声韵美，提高鉴赏古代诗歌的能力，学习作品描写蜀道雄奇险峻的写法。

2.了解杜甫对"蜀相"诸葛亮的仰慕和惋惜之情，了解杜甫忧国忧民的现实主义精神。了解律诗中起、承、转、合四联的结构，以及各自在创设意境上的作用。

第四课 *望海潮
*扬州慢

思政教育目标：

1.描写了繁华的钱塘景象，展现出杭州城市的生机与活力，语言生动形象富有表现力。通过体会作者描绘的意象和景物，感受作者对国泰民安的向往和深切的爱国之情，培养学生为国为民的伟大胸襟。

2.面对扬州荒凉残败、凄清冷落的情景，诗人内心涌现无限的愁思，并将扬州昔盛今衰进行对比，感慨今朝，抒发了对国事的惋惜和伤痛。通过学习本词，了解作者的思想感情，学会借古达今，用更加广阔的视野去看待和思考问题，拓展自身的格局。

核心素养目标：

1.作者特别注重语言方面的刻画和描写，讲究情景交融，语言通俗，音律和谐，学习时要品味诗词中富有表现力的语言，体会词中壮阔优美的意境。在对杭州自然风光和都市繁华场景的描写中，采用了铺叙和点染的手法，表现了杭州钱塘的壮观景象，在学习的时候，要特别注意铺叙、点染手法的运用。

2.为了突出扬州现实的特点，引用杜牧的诗句，虚写了一个极尽繁华的扬州，与现实的扬州形成了对比，从而抒发了自己的黍离之悲，这里虚实结合的艺术手法，为读者创造了无限的想象空间。学习时，要注意本诗情景交融、虚实结合、对比衬托等艺术手法的运用，提升对诗歌的艺术鉴赏能力。

第二单元

教育目标

1.了解中国现当代文学是中国近现代社会变革的产物，它伴随着中国革命、建设和改革的洪流不断发展，用新的思想、新的语言、新的样式为中国文学开辟了新的天地。

2.学习本单元所选现当代文学中的优秀作品，可以使学生对现当代文学创作的概貌有个大致的了解，还可以加深对百年来中国社会变革与发展，特别是对人的心灵变化的认识。

3.结合特定的社会历史背景，理解作品的思想文化内涵，探索其中蕴含的民族心理和时代精神，了解百年来人们社会生活和情感世界变动的轨迹。根据各种文学体裁不同的艺术表现方式，多角度、多层面探究作品的意蕴：注重对作品的个性化解读，获得鲜活的审美体验。

第五课　阿Q正传
*边城

思政教育目标：

1.了解典型人物阿Q的典型性格并结合当时的社会环境分析原因，从中获取经验教训，培养爱国主义精神。

2.了解沈从文描绘的湘西风土人情和优美的环境。结合人物分析，领会作者的创作目的及小说的主旨，体会沈从文想要表现的一种"优美，健康，自然而又不悖乎人性的人生形式"。

核心素养目标：

1.学习通过人物的动作、语言、心理和性格化的细节展示人物性格特征的方法，并运用到自己的写作中去；了解作品所反映的社会生活。了解鲁迅生活年代及其作品创作环境与思想。了解典型人物阿Q的典型性格。

2.把握对人物的描写方法，了解人物之间的情感，分析主要人物形象，重点分析翠翠的形象。了解小说的情节；借助情节和环境，分析人物之间的情感，通过小说中的语言、心理、环境描写，重点把握主要人物翠翠的形象。

第六课　大堰河——我的保姆
*再别康桥

思政教育目标：

1.通过分析人物形象，厘清诗人情感发展的脉络，体会诗人对劳动人民真挚、热烈的感情以及对旧世界的仇恨和诅咒，提高审美能力。了解时代背景，领会作者对他真正的母亲——中国大地善良而不幸的普通农妇的讴歌，感受母爱的伟大。

2.学习作者在复杂的现实世界穿越现实去获取内心的需求，坚守理想的高尚品质。领会诗的真正乐趣，明白诗的生命是在它的内在音节的道理；了解时代背景，理解寻求与告别的人生话题。

核心素养目标：

1.认识本诗通过记事写人以及直抒胸臆的特点，学习对比、反复、排比等表现方法。课外反复朗读课文，分析大堰河的形象，使学生感知作者包含在诗歌中的真情实感，体会作者用情作诗的方法和重要性。

2.注重文字的取舍，含蓄，注重艺术技巧，通过诗中意象和语言的赏析，体会诗人内心深厚的感情。学会从诗歌的意象及形式等方面入手赏析诗歌，感知《再别康桥》的诗意美、音乐美、建筑美、绘画美。咀嚼诗歌语言，把握诗歌意象，品味诗歌意境美，领会诗人所表达的思想感情。

第七课　一个消逝了的山村
*秦腔

思政教育目标：

1.在阅读鉴赏中陶冶性情，培养珍爱自然、珍爱生命，共创美好家园的思想感情。

2.品味文章中秦人对秦腔的热爱之情。体会中国民俗文化的特点，从而对象征中华民族的历史、文化的民间文化有深刻的了解。培养民族文化自信，家乡文化自信，培育爱国精神和爱乡热情。

3.品读文章，涵泳主旨，理解冯至先生在文中体现的富有现代意味、带有生命色彩的感性认识，培养联系语境对文句的理解能力和审美能力。

4.领悟文中描写意象的丰富内涵，学习捕捉对自然万物独特的审美感悟，提升审美品位，并用美的形式把它们表达出来；学习散文的结构特征，体会优美散文的语言特色，琢磨它们的修辞技巧，体会文章浑然天成的意蕴。

核心素养目标：

1.了解秦地的地理构造与秦腔的旋律的统一；了解秦地的风土人情；学习文章将秦腔、秦地、秦人以及文化生活有机结合的写法。

2.厘清文章思路，把握主要内容。品味文章语言，学习文章中的表达技巧。学习作者在场面细节描写上的生动。

第八课　茶馆

思政教育目标：

1.领会抗战胜利后国民党统治时期的社会生活，了解旧社会国弱民贫、政治黑暗的现实，揭示旧中国必然走向灭亡的客观规律。

2.理解台词的动作性和戏剧语言的言外之意。欣赏具有北平地方特色的风俗图画和浓厚的京腔京味。

核心素养目标：

1.了解剧本独特的"卷轴画式"的结构。

2.厘清课文情节并归纳概括剧情。品味语言的个性化，动作化及幽默风格，把握文中重要的人物形象。注意体味戏剧语言的言外之意，课文中许多语言都不限于它的字面意思。

3.学习剧本通过丰富多彩而又富有个性化的语言来展开情节、表现人物与时代的矛盾冲突的方法。

第三单元

教育目标

1.诵读佳作名篇，触摸民族文化血脉，增进学生对中华优秀传统文化的理解。

2.通过本单元学习，了解这些作品不同的体裁和风格，及其所呈现的我国古代散文的多样面貌。并在对比中体会、在联系中思考，帮助学生更全面地了解古代散文。

3.把握课文的思想情感及其承载的文化观念，领会不同作者在审美上的独特追求。

4.要理解作者如何通过特有的语言形式去抒发情志，形成独特的美感；还要做些梳理和点评，领会章法之妙和细节之美。

德融课堂 大思政视域下的
学科德育创新建构

第九课　陈情表
*项脊轩志

思政教育目标：

1.通过朗读，体会作者对祖母的拳拳之情，引发对生活中"孝"的思考，感受亲情的感人力量。

2.体会作者对亲人的思念之情以及对家庭变迁的感慨；体会作者在日常琐事的记叙中所蕴含的浓浓深情，感受亲情。

核心素养目标：

1.积累文言知识，掌握文中出现的重要的实词、虚词、古汉语句式。在理解的基础上背诵课文。能鉴赏本文的语言，分析其表达效果。

2.鉴赏作者的陈情技巧，学习作者情理结合、含蓄委婉的抒情方式；通过梳理全文及段落层次，体会文章结构的严密周全；鉴赏本文融情于事的表达技巧和形象精粹的语言。

3.了解作者生平及创作特点；了解"唐宋派"；了解书斋取名为"项脊轩"的缘由。在熟读的基础上厘清思路，把握脉络，体味作者思路清晰、语言流畅的特点；学习作者善于从日常琐事中选取富有特征的生活细节来抒写感情的技巧。

4.体会本文文墨清淡而情谊缠绵动人的特色；学习本文融情于景的写作方法，理解全文的感情基调和以"喜""悲"统摄全篇的组织方法；探究细节描写的精妙。

第十课　兰亭集序
归去来兮辞并序

思政教育目标：

1.领会本文的思想内容，揣摩作者的思想感情的变化，正确评价作者的生死观。

2.感受作者解印去职的近因是"不能为五斗米，折腰向乡里小人"。感受作者在文中着重表达的对黑暗官场的厌恶和鄙弃，对农村的自然景物和劳动生活的赞美。领略和学习辞中表现的遗世独立，心胸旷达的乐观精神。

核心素养目标：

1.积累整合文言知识，掌握文言文阅读的方法；厘清课文线索，了解文章内容，揣摩作者的感情；了解时代背景，把握作者的创作意图，认识作者在乐、悲、痛中暗含的对人生的眷恋和热爱之情。

2.学习本文情景交融、叙议结合的写作手法，感受幽远的文思，清新的辞采。了解书序体裁的特色，学习本文在写景方面的特点。

3.把握辞中淡远潇洒的风格，在朗读中，启发学生的想象和联想，使学生头脑中能浮现诗人的形象。把握辞的体裁特点，运用修辞的特点，进一步领会诗人的感情及志向。提高把握词类活用现象的能力。

第十一课　*种树郭橐驼传

思政教育目标：

1.了解写作背景，理解本文借种树人之口，阐发的为官治民的道理。

2.了解"顺民之性以养民"的深刻道理及其现实意义。

核心素养目标：

1.了解文言基础知识和本文寓意；理解郭橐驼这一人物形象；掌握"类、固、致、易"等实词的多义性和"且、而"等虚词的意思和用法。

2.学习本文设事明理的写法和对比与映衬的表现手法；赏析文中"史笔"与"文辞"兼美的语言表现力，学习本文的讽喻性特点；体会本文委婉、含蓄的讽谏特点及对比与映衬的写法。

第十二课　*石钟山记

思政教育目标：

1.理解"事不目见耳闻而臆断其有无"的深沉，学习作者反对臆断、重视考察的精神。

2.明白认识事物的真相必须"目见耳闻"，切忌主观臆断的道理。

核心素养目标：

1.厘清思路，把握重点字的词类活用、判断句式、宾语前置句；理解文中的线索和结构。

2.学习叙议结合，借记游说理的写法；学习记叙、说明、议论相结合的写法。

第四单元

教育目标

1.通过本单元学习，让学生热爱科学，走进科学的殿堂，崇尚科学，探索科学的奥秘。

2.学习自然科学论著，注意感受论著中所体现的理性、严谨的科学精神。掌握阅读自然科学论著的一般方法，注意抓住关键概念，梳理思路，把握逻辑，理解主要内容。

3.体会自然科学论著的表达方式和语言特点，学习科学的思维方式和研究方法；结合理科课程的学习，拓展阅读，用恰当的方式呈现自己的学习成果。

第十三课　自然选择的证明
*宇宙的边疆

思政教育目标：

1.了解达尔文及《物种起源》，积累文学常识，研讨科学史问题，追溯科学研究的历程，热爱科学，走进科学的殿堂，崇尚科学，探索科学的奥秘，了解自然，思考人类的未来。

2.学习自然科学论著，注意感受论著中所体现的理性、严谨的科学精神，通过文章思考人类的未来与人类对宇宙了解程度的关系。探究科学的魔力，勇于探索宇宙的无限奥秘。

核心素养目标：

1.理解主要内容，体会自然科学论著的表达方式和语言特点，学习科学的思维方式和研究方法，注意感受并学习论著中所体现的理性、严谨的科学精神。

2.理解文章基本观点和文章各部分之间的关系，把握整体思路，思考作者对人类的起源有怎样的认识，领会其中的人文精神与人文内涵。

3.了解解说词的作用，注重解说词的文艺性，学习解说词在文中的作用并学会运用到自己的写作中去。培养热爱科学的精神，思考作者对宇宙有怎样的认识，作者对人类有怎样的认识，体会其中所蕴含的人文精神，感受宇宙所带来的震撼。

第十四课 天文学上的旷世之争

思政教育目标：

1.了解时代背景，探究"旷世之争"出现的学说。

2.理解不同学说所含的思想，培养正确的人生观、价值观。

核心素养目标：

1.培养分析能力和独立思考能力，了解不同学说的基本观点、历史贡献及其之间有怎样的相互关系。

2.领悟文章主旨，领悟争论的本质，了解中国古代天文学上两大主流学派的理论：浑天说与盖天说。

3.培养学习探索能力，探寻真理的崇真求实的精神。

德融
课堂

思想政治

第一课　社会主义从空想到科学、从理论到实践的发展

思政教育目标：

1.进一步明确共产党人为何坚定不忘初心、继续前进的信念。

2.描述不同社会形态的本质特征，解释人类社会发展的一般过程，培养正确认识社会发展历程的意识，阐明社会发展的历史进程取决于社会基本矛盾的运动。

3.理解人民群众是社会变革的决定力量。

核心素养目标：

1.了解社会主义从空想到科学、从理论到实践、从一国实践到多国实践历程。

2.了解科学社会主义理论创立的历史背景，说明科学社会主义的理论贡献。

3.理解中国特色社会主义是科学社会主义理论逻辑和中国社会发展历史逻辑的辩证统一。

第二课　只有社会主义才能救中国

思政教育目标：

1.了解中国人民为什么选择马克思主义、选择中国共产党、选择社会主义。

2.认识到新民主主义革命在中国近代史上的伟大意义，感悟中国共产党奋勇斗争的精神。

3.通过我国社会发生的翻天覆地变化，探究"只有社会主义才能救中国"的道理。

核心素养目标：

1.明确新民主主义革命的性质、特点和前途。

2.简述中国从新民主主义走向社会主义的历史进程，了解社会主义探索历程中的成就与挫折。

3.理解毛泽东思想是马克思列宁主义与中国实际相结合的产物。

第三课　只有中国特色社会主义才能发展中国

思政教育目标：

1.了解中国共产党探索发展道路上所经历的艰辛，感悟中国共产党的艰苦奋斗精神。

2.从历史事实中总结"只有中国特色社会主义才能发展中国"，坚定道路自信、理论自信、制度自信、文化自信。

3.明白科学社会主义发展的道路不是一帆风顺的，要增强信心，鼓足勇气，坚持以正确理论为指导，保持奋斗精神。

核心素养目标：

1.了解改革开放以来的进程与意义。

2.阐释改革开放以来，我国取得一切成绩和进步的根本原因。

3.深刻领会习近平新时代中国特色社会主义思想，理解改革开放以来党的全部理论和实践主题是中国特色社会主义。坚定坚持和发展中国特色社会主义的自信。

第四课　只有坚持和发展中国特色社会主义才能实现中华民族伟大复兴

思政教育目标：

1.有创见地批驳任何封闭僵化或改旗易帜的主张，申明走中国特色社会主义道路的坚定信念。

2.掌握中国梦的本质和特点。明确伟大斗争、伟大工程、伟大事业、伟大梦想的关系。

3.培养批判思维，解放思想，实事求是，采用辩证思维分析社会现实。

核心素养目标：

1.了解中国特色社会主义进入新时代是我国发展新的历史方位，理解新时代的含义及意义。

2.了解中国特色社会主义进入新时代，我国社会主要矛盾发生了变化，但是基本国情和国际地位仍未变。因此，要牢牢坚持党的基本路线。

3.阐述如何实现中华民族伟大复兴的中国梦。

4.掌握习近平新时代中国特色社会主义思想产生的时代背景、核心内容以及历史地位。

第一单元　生产资料所有制与经济体制

教育目标

1.懂得市场机制和实行宏观调控运行的基本原理和方法，全面理解深化改革的意义；提升参与经济社会生活的能力。

2.了解确立社会主义基本经济制度的历史必然性；理解市场经济运行和深化经济体制改革的意义。

3.初步运用中国特色社会主义政治经济学的观点，观察和分析社会经济现象。

第一课　我国的生产资料所有制

思政教育目标：

1.基于我国社会主义初级阶段的国情，阐释我国实行以公有制为主体、多种所有制经济共同发展的必然性。

2.掌握国有经济主导作用的必要性和重要性。

核心素养目标：

1.了解各种所有制经济的地位与作用，阐释公有制与非公有制经济相互促进、共同发展。

2.阐释如何坚持"两个毫不动摇"。

第二课　我国的社会主义市场经济体制

思政教育目标：

1.评析企业和消费者在市场经济运行中的地位和作用，阐释企业和消费者如何作出合理决策，解析市场运行机制中诚信与公平竞争的价值。

2.评析社会主义市场经济的基本特征，说明其为何能够成就中国经济的奇迹。

核心素养目标：

1.简述市场经济的形成和发展，解析其优势和局限性；辨析政府和市场的关系。

2.探究市场配置资源的主要机制；剖析市场在资源配置中是如何发挥作用的。

3.说明政府要履行的主要经济职能，就如何更好发挥政府作用提出建议。

第二单元　经济发展与社会进步

教育目标

1.了解现代化经济体系的内容，知道如何建设现代化经济体系。

2.尝试对促进社会公平正义、实现共同富裕的政策提出建议。

3.了解我国的分配制度、社会保障制度，知道如何加强社会保障体系建设。

第三课　我国的经济发展

思政教育目标：

1.理解"以人民为中心"的发展思想，全面准确地把握新发展理念的内涵。

2.列举我国经济发展的成就，强化道路自信、理论自信、制度自信和文化自信。

3.树立中国特色社会主义共同理想，提升参与新时代中国特色社会主义建设的自觉性和能力。

核心素养目标：

1.归纳我国经济发展和改革的成就，说明"以经济建设为中心"的意义，阐释创新、协调、绿色、开放、共享的发展理念。

2.了解产业结构变化的一般趋势，解析产业结构升级的意义和途径。

3.探究如何推动经济高质量发展。

第四课　我国的个人收入分配与社会保障

思政教育目标：

1.树立正确的收入分配观念；增强社会责任感。

2.就效率与公平的内涵展开讨论，分析如何兼顾效率与公平。

3.树立参与现代市场经济活动需要的规则意识、诚信意识、公平竞争和互利共赢的观念。

核心素养目标：

1.辨析收入分配中效率与公平的关系，评估促进社会公平正义、实现共同富裕的政策，列举保障和改善民生的措施。

2.探究坚持和完善我国分配制度的措施以及合理分配个人收入的意义。

3.了解社会保障体系，列举完善社会保障体系的措施。

必修3·政治与法治

第一单元 中国共产党的领导

教育目标

1.了解中国共产党的历史,没有共产党就没有新中国,阐明中国共产党成为执政党的历史必然性。

2.可直面各种质疑、非议或诋毁,澄清基本事实,阐明党的宗旨,论证中国共产党是中国革命、建设和改革的领导核心。

3.理解中国共产党是中国工人阶级的先锋队,同时也是中国人民和中华民族的先锋队。

第一课　历史和人民的选择

思政教育目标：

1.了解中国共产党成立的历史背景，理解为什么中国共产党执政是历史和人民的选择。

2.通过了解中国共产党的性质、宗旨和指导思想，感悟中国共产党的初心使命。

核心素养目标：

1.探究中国共产党带领中国人民开创中国特色社会主义事业的奋斗历程和根本成就。

2.了解中国共产党执政地位的确立是我国人民在历史进程中做出的郑重选择，是由其性质、宗旨决定的。

3.能够用历史的、辩证的眼光看待中国共产党领导和执政地位的确立，提高比较、鉴别能力。

第二课　中国共产党的先进性

思政教育目标：

1.就保持本色、坚持特色、一脉相承、与时俱进的要求，分享各自心得。

2.深思党章规定中国共产党以马克思列宁主义、毛泽东思想、邓小平理论、"三个代表"重要思想和科学发展观、习近平新时代中国特色社会主义思想作为自己的行动指南的意义。

核心素养目标：

1.牢记党的性质、宗旨、执政理念和根本宗旨、立场，论证中国共产党始终坚持以人民为中心。

2.理解中国共产党的指导思想一脉相承、与时俱进，论证中国共产党始终走在时代前列的法宝。

3.了解新时代对共产党员发挥先锋模范作用的具体要求。

第三课　坚持和加强党的全面领导

思政教育目标：

1.明确党的领导是人民当家作主和推进全面依法治国的根本保证，奠定基本的政治立场。

2.通过了解中国共产党领导我国人民创建新中国的光辉历史，升华对党的认识，进而更加信赖和热爱中国共产党。

3.努力学习党的基本理论，坚定走中国特色社会主义道路的信念。

核心素养目标：

1.认识中国共产党领导是中国特色社会主义最本质的特征，理解坚持中国共产党领导地位的重要性。

2.懂得走中国特色社会主义政治发展道路，关键是要坚持党的领导、人民当家作主、依法治国有机统一。

3.了解党的领导方式和执政方式，理解坚持党对一切工作领导的意义。

第二单元 人民当家作主

教育目标

1.通过对国家性质的学习，提高对坚持人民民主专政必要性的认识，认识中国特色社会主义政治制度的优势，坚持社会主义的政治方向。

2.了解政治生活的内容以及应该怎样有序参与政治生活，培养政治素养。

3.在对民主与专政、权利与义务、个人利益与集体和国家利益关系的分析中，培养学生的辩证思维能力。

第四课　人民民主专政的社会主义国家

思政教育目标：

1.在对民主与专政、权利与义务、个人利益与集体和国家利益关系的分析中，培养学生的辩证思维能力。

2.认同中国特色社会主义政治制度的优势，坚持社会主义的政治方向。

3.培养关注国家大事的观念，增强公民责任感、权利意识和义务意识。

核心素养目标：

1.明确我国的国体，即国家性质；认识人民民主专政的必要性。

2.理解社会主义民主的特点，即社会主义民主是最广泛、最真实、最管用的民主。

3.理解国家职能的表现以及其意义，了解国家职能为社会主义现代化建设提供了可靠保障。

第五课　我国的根本政治制度

思政教育目标：

1.认同我国人民代表大会制度的优越性，初步树立公民要为完善和巩固人民代表大会制度作出努力的观念。

2.充分理解和感悟人民代表大会制度的优越性，及其对我国政治建设的作用。

3.理解人民代表大会制度是我国的根本政治制度，分析说明其是符合我国国情的正确选择。

核心素养目标：

1.了解人民代表大会制度的内容、性质和地位；知道全国人民代表大会是我国的权力机关，及人民代表大会的主要职权。

2.知道我国人民是如何通过人民代表大会制度行使国家权力的。

3.了解人大代表的法律地位、权利和义务。

第六课　我国的基本政治制度

思政教育目标：

1.通过了解我国的基本政治制度，增强维护、巩固基本政治制度的责任感、使命感，能够旗帜鲜明地抵制和反对歪曲、破坏我国基本政治制度的言论和行为。

2.理解并拥护民族区域自治制度、中国共产党领导的多党合作和政治协商制度和基层群众自治制度。

3.明确处理民族关系问题，既是国家的一个重要问题，又是我们生活中的具体问题；懂得尊重不同民族的风俗习惯，与不同民族的同学团结友爱、和睦相处。

核心素养目标：

1.了解我国的基本政治制度；理解中国共产党领导的多党合作和政治协商制度、民族区域自治制度、基层群众自治制度的优越性。

2.了解我国的政党关系和多党合作的政治基础、基本方针、根本活动准则和重要机构。

3.明确我国的社会主义民族关系；明确我国处理民族关系的基本原则。

第三单元　全面依法治国

教育目标

1.了解全面依法治国、建设社会主义法治国家的基本要求。

2.理解党的领导、人民当家作主和依法治国的有机统一。

3.理解建设法治国家、法治政府和法治社会的意义，树立学法、尊法、守法、用法的法律意识。

第七课 治国理政的基本方式

思政教育目标：

1.通过学习，相信我国能够实现依法治国的总目标和原则。

2.通过了解为什么要坚持依法治国和怎样坚持依法治国，明白依法治国方略的系统性、渐进性和持久性。

3.感悟依法治国的现实意义，拥护依法治国的方针政策。

核心素养目标：

1.了解我国法律发展的历史，理解法律在国家治理当中的作用。

2.简述我国法治建设的成就，概述全面推进依法治国的总目标与原则。

3.了解依法治国是我国治国理政的基本方式。

第八课 法治中国建设

思政教育目标：

1.通过对法治中国建设的学习，明白建设法治中国是系统性工程，既需要党和国家的统筹与规划，更需要公民和全社会的参与推动。

2.树立法治意识，自觉做到学法、尊法、守法、用法。

3.深刻领会法治社会是法治建设的基础，建设法治社会具有重要意义。

核心素养目标：

1.了解公民参与立法的途径，感悟公民参与立法的意义，认识公民依法直接行使民主权利的制度。

2.探究建设职能科学、权责法定、执法严明、公开公正、智能高效、廉洁诚信、人民满意的政府的意义。

3.了解法治国家的概念和内涵要求；理解怎样建设法治国家，以及建设法治国家的意义。

第九课　全面推进依法治国的基本要求

思政教育目标：

1.阐释法律的权威源自人民的内心拥护和真正信仰，倡导全民守法，弘扬法治精神。

2.探究司法公正的意义和价值，以及体现公正司法的制度和措施。

3.理解全面推进依法治国必须坚持党的领导，树立正确的政治认同。

核心素养目标：

1.阐述科学立法、严格执法、公正司法、全民守法对于建设法治国家、法治政府、法治社会的意义和价值。

2.了解公民的法定权利和义务，说明其在公民参与政治生活中的作用。

3.了解法院、检察院、调解中心、仲裁委员会等机构，认识其功能和作用。

第一单元　探索世界与把握规律

教育目标

1.探究世界的本原是什么，我们应该如何看待世界和人的价值等，通过对比得出结论：马克思主义哲学是科学的世界观和方法论，是美好生活的向导。

2.使学生能够正确理解和坚持马克思主义哲学观，能够在生活实践中从点滴小事做起，积极地面对困难和挑战。

第一课　时代精神的精华

思政教育目标：

1.了解哲学的基本问题，理解为什么思维和存在的关系问题是哲学的基本问题。

2.理解唯物主义和唯心主义的基本观点和基本形态。

3.了解马克思主义哲学产生的条件、理论来源和和马克思主义哲学有关的相关著作。

核心素养目标：

1.通过事例和情景体验，让学生走进哲学、认识哲学、体会哲学与时代、与生活是息息相关的，认同哲学是认识世界和改造世界的思想武器，培育政治认同感。

2.通过生活中富有哲理的事例，引导学生了解哲学的内涵与起源，理解哲学与世界观的关系，理解哲学与具体科学的关系，增强学生科学精神。

3.通过事例和情景体验，引导学生用马克思主义哲学指导学习和生活，提高公共参与素养。

第二课　探究世界的本质

思政教育目标：

1.理解世界（自然界、人类社会、人的思维）的物质性；了解劳动在人和人类社会的发展中产生重要作用；了解人脑的出现为意识的产生提供了生理基础，理解意识是客观存在的反映。

2.了解运动的含义，理解物质与运动的关系；了解规律的含义，理解规律的客观性与普遍性；了解主观能动性的表现，理解尊重客观规律是正确发挥主观能动性的前提条件。

3.理解一切从实际出发，实事求是的含义与要求。

核心素养目标：

1.自觉坚持辩证唯物主义的物质统一性原则，坚持党的思想路线、坚定马克思主义和无神论立场。学习马克思主义哲学，坚定科学无神论立场，反对一切有神论。

2.在社会实践活动中，用辩证唯物主义的物质统一性原则指导实践活动。树立辩证唯物主义意识观，培养正确认识世界和改造世界的能力。

3.培养发挥主观能动性和尊重客观规律相结合、高度的革命热情同严谨踏实的科学态度相结合的能力。

第三课　把握世界的规律

思政教育目标：

1.了解联系的含义，理解联系的特点。理解整体和部分的辩证关系原理及方法论。

2.了解系统含义及基本特征，理解掌握系统优化方法。理解事物发展的实质，新事物必然战胜旧事物，了解事物发展的形式或状态是量变和质变，理解事物发展的前途是光明的、道路是曲折的。

3.理解矛盾的同一性和斗争性，理解矛盾普遍性与特殊性关系，理解主次矛盾和矛盾主次方面的辩证关系。

核心素养目标：

1.正确理解和坚持马克思主义哲学的联系观，树立辩证唯物主义联系观，学会用联系的观点看问题。

2.坚持发展是量变和质变的统一；坚定新事物发展的前途是光明的，道路是曲折的；通过唯物辩证法发展观点分析问题。

3.认同马克思主义矛盾同一性和斗争性观点，了解并理解国家大政方针，坚定社会主义政治方向。

4.学会辩证分析，提高分析问题的能力，通过事例，运用唯物辩证法矛盾观分析问题。

第二单元 认识社会与价值选择

教育目标

1.了解人的实践活动的特性和作用，理解社会生活的实践本质，阐明实践是认识的基础，是检验真理的唯一标准，阐述认识运动的辩证发展过程。

2.领悟社会存在决定社会意识，理解价值观的形成与时代和环境密切相关，解析价值观差异与冲突产生的社会根源，能够进行合理的价值判断和行为选择。

3.理解价值观对人们行为的导向作用，探寻实现人生价值的条件和途径，践行社会主义核心价值观。

第四课　探索认识的奥秘

思政教育目标：

1.了解认识的含义，理解实践的含义和特征，理解实践是认识的基础。了解真理的含义和基本属性，理解并区分真理的客观性、条件性和具体性。

2.理解认识的反复性和无限性。

3.树立坚持在实践中检验和发展真理的观念。

核心素养目标：

1.认同马克思主义实践观，正确理解和坚持党的思想路线，与时俱进，追求真理。

2.理解实践是检验认识的真理性的唯一标准，通过事例，运用辩证唯物主义实践观分析问题。正确理解和坚持党的思想路线，与时俱进，追求真理。

3.牢固树立坚持在实践中检验和发展真理的观念，树立追求真理的信念，坚持真理，反对谬误。

第五课 寻觅社会的真谛

思政教育目标：

1.理解劳动是社会历史的起点，理解全部社会生活在本质上是实践的。理解社会存在与社会意识的辩证关系。了解物质资料的生产活动是人类社会存在和发展的基础。

2.理解社会的基本矛盾运动，理解改革是社会主义制度的自我完善和发展，理解社会发展的总趋势是前进的、上升的，发展的过程是曲折的。

3.理解人民群众是历史的创造者，理解党的群众观点和群众路线。

核心素养目标：

1.认同马克思主义唯物主义历史观，正确理解和坚持党的路线方针政策。理解全部社会生活在本质上是实践的。通过事例，运用辩证唯物主义社会存在与社会意识的辩证关系原理分析问题。

2.认同马克思主义的历史唯物主义，坚信社会主义经历一个长过程发展后必然代替资本主义。坚持历史唯物主义的基本立场。通过事例，运用历史唯物主义原理分析问题。

3.认同人民群众的历史地位，自自觉树立群众观点与群众路线。坚持历史唯物主义的基本立场。通过事例，能运用社会历史主体的有关知识，分析社会问题。

第六课 实现人生的价值

思政教育目标：

1.理解价值、人的价值、价值观的内涵，理解价值观的导向作用。理解社会主义核心价值观。理解价值判断和价值选择的含义、关系、基本特征、标准。

2.理解劳动在人生价值实现中的作用，理解人生价值中个人与社会的关系，理解实现人生价值对自身的要求。

核心素养目标：

1.认同社会主义核心价值观，正确理解和坚持党的路线方针政策。理解价值观的驱动、制约和导向作用，自觉树立正确的人生观和价值观。

2.认同把人民群众的利益作为最高的价值标准，自觉站在最广大人民的立场上，牢固树立为人民服务的思想，把献身人民的事业、维护人民的利益作为自己最高的价值追求。

3.树立正确的价值观，作出正确的价值判断和价值选择，就必须坚持真理，遵循社会发展的客观规律，走历史的必由之路。认同积极投身于为人民服务的实践，是实现人生价值的必由之路，也是拥有幸福人生的根本途径。

第三单元　文化传承与文化创新

教育目标

1.辩证地看待传统文化，领会对中华优秀传统文化进行创造性转化、创新性发展的重要意义，弘扬民族精神。

2.感悟世界文化的多样性，理解文化多样性的价值，明确文化交流互鉴的途径和意义。

3.辨识各种文化现象，领悟优秀文化作品的影响力和感召力，展示中国特色社会主义文化自信。

第七课　继承发展中华优秀传统文化

思政教育目标：

1.理解文化的内涵，文化与经济、政治的关系，文化与文明的关系，以及文化的功能。理解中华优秀传统文化的主要内容及特点，树立对待传统文化的正确态度，理解中华优秀传统文化的当代价值。

2.理解中华优秀传统文化创造性转化和创新性发展的要求。

3.了解中华民族精神的内容和核心，理解中华民族精神的作用，理解中华民族精神随着时代和社会的发展在不断丰富和发展，弘扬和培育民族精神的要求。

核心素养目标：

1.认同中国特色社会主义文化，建设社会主义文化强国。科学把握文化的内涵与功能，科学把握实现中华优秀传统文化的创造性转化与创新性发展。

2.积极主动参与健康有益的文化活动，积极主动参与弘扬中华优秀传统文化活动。

第八课　学习借鉴外来文化的有益成果

思政教育目标：

1.了解民族文化的地位、作用，理解民族文化的核心和灵魂。理解文化多样性的地位、意义和要求。

2.了解文化交流和文化交融的意义和要求，理解文化交流构成了文化发展的重要动力，理解文化交融推动文化的发展。理解对待外来文化的错误观点，理解对待外来文化的正确态度，理解立足国情，交流互鉴。

核心素养目标：

1.认同中国特色社会主义文化，建设社会主义文化强国。科学把握文化多样性的地位、意义和要求。

2.正确吸收和借鉴外来文化有益成果，推动中国特色社会主义文化建设。

第九课　发展中国特色社会主义文化

思政教育目标：

1.理解马克思主义的传入对中华文化发展的影响，理解中国共产党代表先进文化的前进方向，理解中国特色社会主义文化发展道路的历史必然性。

2.理解发展中国特色社会主义文化要坚定理想信念，坚持以人民为中心；文化发展要立足时代之基，能够理论与实践相结合，理解文化创新和发展的关键是回答时代问题，完成时代任务。

3.理解发展中国特色社会主义文化要融通不同资源，实现综合创新。

核心素养目标：

1.坚持以人民为中心的创作思想，坚持正确的文化发展方向，认同中国特色社会主义文化发展道路。科学把握建设社会主义文化强国必须坚持的道路、如何发展中国特色社会主义文化。

2.融通古今中外各种资源，特别是要把握好马克思主义、中华优秀传统文化和国外优秀文化的资源。

3.深入研究关系国计民生的重大课题，积极探索关系人类前途命运的重大问题，准确判断中国特色社会主义文化发展的基本路径，善于继承和弘扬中华优秀文化精华。

第一单元　各具特色的国家

教育目标

1.掌握国家的概念，理解国家是什么，是怎样分类的，奠定学生对国家的初步印象。

2.使用"自主、合作、探究"的学习方式，了解国家的政权组织形式和国家结构形式。

3.通过学习，帮助学生树立马克思主义国家观，明确由于国家的历史传统、现实国情等不同，其发展道路各具特色。

第一课　国体与政体

思政教育目标：

1.了解国家是如何起源的，认识国家的本质。

2.理解不同国家之间的异同点，理解世界上主要国家的国体与政体。

核心素养目标：

1.学习马克思主义的国家理论，了解国家概念及国家的基本要素。

2.掌握国家的本质；国家是一种历史现象，不是从来就有的；国家是在原始社会瓦解、私有制出现、阶级形成以后产生的，是阶级矛盾不可调和的产物和表现。

第二课　国家的结构形式

思政教育目标：

1.培养学生的国家主权意识，使学生认识到国家主权的目的是保护国家的完整性，保护全体国民的利益。

2.帮助学生认识到一个国家采取什么样的结构形式，主要基于维护国家主权和领土的统一与完整、保障国家管理的有效与便利等方面的考虑。

核心素养目标：

1.培养学生自觉维护祖国主权、领土完整的家国意识，树立国家利益高于一切的政治观念，树立总体国家安全观。

2.通过了解港澳回归的历史事实，帮助学生树立自觉维护国家统一的观念，了解"一国两制"的基本国策，把握我国和平统一的政策。

德融课堂 大思政视域下的
学科德育创新建构

第二单元　世界多极化

教育目标

1.了解当下的世界多极化趋势及其具体表现。

2.使用"自主、合作、探究"的学习方式，了解推动世界多极化不断发展的因素有哪些。明确多极化发展并不是偶然的，它孕育于两极格局的演化之中，两极格局终结后，并没有出现单极格局，世界正在走向多极化，这是当今国际形势的一个突出特点。

3.通过学习，帮助学生加深对中国外交政策的理解，在增强民族自信心的同时拓展国际视野。

4.理解影响国际关系的决定性因素是国家利益和国家实力。要坚定维护我国的国家利益，大力推进科技创新，提升国家实力。

第三课　多极化趋势

思政教育目标：

1.了解世界多极化形成和发展的过程及标志性事件。

2.帮助学生认识到世界多极化成为当代国际政治发展的趋势。伴随着世界多极化的发展，国际竞争越来越激烈。国际竞争的实质是以经济、军事和科技实力为基础的综合国力的较量。维护国家利益的有力保障是强大的国家实力。

核心素养目标：

1.培养学生正确的世界观、大局观，开阔学生的国际视野，使学生站在更高更远的地方看世界。

2.启发学生思考世界各国如何应对多极化趋势，中国在世界多极化趋势中发挥着怎样的作用。

3.理解国家利益的重要性，维护国家利益是主权国家对外活动的出发点和落脚点，但任何国家都不应以维护本国国家利益为由干涉别国内政。

第四课　和平与发展

思政教育目标:

1.了解人类和平与发展过程中面临的威胁与挑战。

2.帮助学生认识到和平与发展是当今时代的主题，和平与发展互为条件、相互联系、相互影响。

核心素养目标:

1.帮助学生认识和平与发展这一时代主题的重要意义，培养学生和平的国家战略观，增强学生的发展意识。

2.帮助学生了解邓小平同志提出国际上和平与发展两大问题的时代背景，明确邓小平同志对时代特征和总体国际形势的科学判断，是制定正确的路线、方针、政策的重要依据。

3.阐述影响和平和发展的主要障碍以及如何推动世界和平与发展。

第五课　中国的外交

思政教育目标：

1.掌握中国奉行独立自主的和平外交政策，结合我国的外交活动分析实例，准确理解我国外交政策。

2.帮助学生了解中国外交政策形成与发展的过程，正确认识我国的外交政策，增强民族自尊心、自信心和自豪感。

核心素养目标：

1.了解我国外交政策的宗旨、基本目标、基本立场、基本准则，帮助学生认识到我国独立自主的和平外交政策的意义和作用。

2.启发学生探究、思考党的十八大以来能够体现中国外交政策发展的事例，增强学生的民族自豪感和自尊心，培养学生的爱国之情。阐述合作共赢的理念，认识构建人类命运共同体的意义。

第三单元　经济全球化

教育目标

1.了解当下的经济全球化趋势及其具体表现，探求经济全球化形成的主要因素。

2.了解跨国公司是经济全球化的重要载体。

3.通过学习，帮助学生掌握经济全球化是一把双刃剑，并分析其利与弊，引导学生坚持正确义利观。

第六课 走进经济全球化

思政教育目标:

1.根据现实事例,分析经济全球化的主要表现。

2.帮助学生认识经济全球化面临的机遇和挑战,经济全球化的过程是生产社会化程度不断提高的过程。在经济全球化进程中,社会分工得以在更大的范围内进行,资金、技术等生产要素可以在国际社会流动和优化配置,由此可以带来巨大的分工利益,推动世界生产力的发展。同时,在经济全球化的进程中,世界经济也面临着不平衡和不确定的问题。

核心素养目标:

1.培养学生开放包容的精神,帮助学生树立合作共赢意识,提高维护国家利益和国家安全的自觉性。

2.帮助学生认识到经济全球化给生活带来的种种变化、机遇和挑战,培养学生的全球化意识和市场化经济观念。

第七课 经济全球化与中国

思政教育目标：

1.掌握我国对外开放的基本国策，了解我国实行对外开放，必须始终坚持独立自主、自力更生的原则。

2.帮助学生认识到经济全球化是不可逆转的时代潮流，实行对外开放是总结国内外历史经验的必然结果，中国积极拥抱经济全球化是正确的战略选择。

核心素养目标：

1.了解对外开放的基本原则是始终要坚持独立自主、自力更生。根据事例分析对外开放给我国经济与社会带来的巨大变化。

2.培养学生的全球意识和国际视野，帮助学生树立人类命运共同体理念，培养合作共赢、开放包容的意识。

第四单元 国际组织

教育目标

1.了解国际组织的概念、建立历史和发展历程。国际组织是现代国际生活的重要组成部分，它是指若干国家的政府或民间团体经协商联合建立的经常性组织。

2.使用自主、合作、探究的学习方式，了解各国际组织遵循的宗旨和在国际事务中发挥的作用。

3.通过学习，让学生明白中国是世界和平的建设者、全球发展的贡献者，增强民族自豪感，培养爱国意识。

第八课　主要的国际组织

思政教育目标：

1.了解国际组织的机构名称及分类，奠定学生对主要国际组织的初步印象。

2.帮助学生了解这些主要国际组织的不同作用。

3.根据实例，探讨国际组织在探讨全球性问题与人类的共同利益过程中发挥的巨大作用。

核心素养目标：

1.阐释联合国宪章倡导的国家关系基本准则，评析联合国在国际事务中发挥的作用。了解中国与主要国际组织的关系，让学生了解中国在国际组织中发挥的重大作用，增强民族自信心。

2.培养学生的全球意识和国际视野，帮助学生树立人类命运共同体理念，鼓励学生参与模拟联合国等活动，锻炼学生的外交能力。

第九课　中国与国际组织

思政教育目标：

1.了解中国与联合国关系的历史演变以及中国在联合国的地位和作用。

2.帮助学生了解中国参与和建立的国际组织，明确中国加入国际组织对中国是一种巨大的考验：它考验中国对各类国际组织的理解程度和认知水平；考验中国坚持推进改革开放进程的勇气和决心；考验中国处理多边国际关系的能力和实现多种利益的技巧。

核心素养目标：

1.了解中国在联合国的地位和所发挥的作用，提高民族自信心和自豪感。

2.开阔学生的国际视野，帮助学生树立中国是世界大国的观念，让学生认识到中国在国际上的地位与担当。

3.识别主要的区域性国际组织，评价区域性国际组织在国际事务中发挥的作用。

第一单元　民事权利与义务

教育目标

1.了解我国依法治国的基本方略，帮助学生理解依法治国的重要性。使用自主、合作、探究的学习方式，了解民事权利与义务，树立学生的法治意识。

2.通过学习，让学生明白：作为公民，我们应当从生活的各个方面尊法、学法、守法、用法。

3.明确依法治国的根本目的是保证人民充分行使当家作主的权利，维护人民当家作主的地位。依法治国是一切国家机关必须遵循的基本原则。

第一课　在生活中学民法用民法

思政教育目标：

1.通过熟读《民法典》，了解民法的基本使用范畴，明确民法的地位和作用。

2.掌握民法的基本规定，培养学生在日常生活中使用民法法条保护自身权益的意识。

核心素养目标：

1.了解民法与民事法律的关系，体会中华人民共和国民法的独特性和实用性，培养学生的民法观念。

2.了解我国民法的基本原则，识别我国公民的民事权利和民事责任。培养学生的法律意识，鼓励学生在生活中主动运用民法维护自身权益。

第二课　依法有效保护财产权

思政教育目标：

1.了解物权法的地位和作用：《中华人民共和国物权法》是为了维护国家基本经济制度，维护社会主义市场经济秩序，明确物的归属，发挥物的效用，保护权利人的物权，根据宪法制定的法规。

2.列举物权法的基本原则和物权的主要类型，懂得维护物权的途径。

核心素养目标：

1.学会判断"定分止争"的所有权问题，让学生树立依法论事的法治意识。

2.培养学生的法律意识，鼓励学生在生活中主动运用物权法维护自身财产安全。

第三课　订约履约 诚信为本

思政教育目标：

1.了解诚信在人生和社会交往过程中的重要地位和作用。

2.培养学生的订约履约意识，培育诚信这一优秀品质。

核心素养目标：

1.根据民法典的规定，了解生活中的合同关系，增强学法、用法、守法意识。

2.学会订立合同，并履行合同。学习合同相关法律，明确合同的含义和价值，理解合同的主要内容和违约责任。

第四课 侵权责任与权利界限

思政教育目标：

1.了解侵权行为的法律责任，通过分析身边的侵权实例，让学生学会判断、识别生活中的侵权行为，从而避免自己的权益受到侵害。

2.学会于法有据，运用法律保障自身权利，培养学生的权利意识。

核心素养目标：

1.树立平等意识，在享受权利的同时也切实履行责任与义务，培养学生的责任意识，树立依法承担责任的观念。

2.增强法治观念，尊重他人的权利，不逾越权利的边界，注重维护国家利益、社会利益和他人合法利益。

第二单元　家庭与婚姻

教育目标

1.掌握家庭与婚姻的基本概念，并根据生活实例让学生对家庭和婚姻有一个初步的印象。

2.使用"自主、合作、探究"的学习方式，了解父母子女之间的权利义务。

3.通过学习，让学生明白：作为公民，我们应当从生活的各个方面尊法、学法、守法、用法。

第五课　在和睦家庭中成长

思政教育目标：

1.掌握家庭和睦的重要意义，让学生理解：家庭和睦需要家庭成员真心投入，彼此互相鼓励，互相欣赏，互相支持，互相关爱，互相体谅，有福同享，有难同当。这样家庭凝聚力与亲和力的作用才能得到充分的释放。

2.明确温馨幸福的婚姻家庭既需要亲情和爱情的精心维护，也离不开法律的有力保护。

核心素养目标：

1.了解婚姻家庭制度，与家庭其他成员共同建设和睦家庭。熟知监护、抚养、扶养、赡养、继承等民事关系，培育家庭责任意识。

2.树立正确的家庭观和婚姻观，在享受权利的同时也切实履行责任与义务。

第六课　珍惜婚姻关系

思政教育目标：

1.掌握婚姻和睦的重要意义，让学生讲述身边和谐婚姻的实例。

2.明确法律是婚姻关系的"铠甲"，为男女平等、财产共有、救助义务等婚姻关系的稳定因素提供了有力支持。

核心素养目标：

1.了解婚姻如何受法律保护，理解婚姻法律关系，阐述正确的婚姻家庭观念。

2.树立正确的婚姻观，在享受权利的同时也切实履行责任与义务，培养学生的责任意识和担当意识。

第三单元　就业与创业

教育目标

1.掌握劳动的基本概念和重要意义，了解劳动法的基本内容，明确劳动法的地位和作用。

2.使用"自主、合作、探究"的学习方式，了解劳动者如何维护自己的权利，履行自己的义务。

3.通过学习，培养学生的诚信意识，让学生了解经营者如何公平竞争、诚信经营、依法纳税。

第七课　做个明白的劳动者

思政教育目标：

1.了解与职场有关的法律，提前预防职场法律风险，培养权责意识。

2.了解劳动法的基本原则，理解劳动者的权利和义务。了解订立劳动合同的原则，熟悉劳动者依法维权的途径和方式。

核心素养目标：

1.树立正确的劳动观，增强法治意识，自觉学法、守法、用法。

2.做个明白的劳动者，学会运用法律武器来维护自己的合法权益。

第八课　自主创业与诚信经营

思政教育目标：

1.了解与自主创业和企业经营有关的法律，充分运用法律武器保护自身权益。

2.明确企业经营者的法律权利和义务，遵守法律法规，合法经营。

核心素养目标：

1.树立正确的创业观和经营观，增强法治意识。

2.列举与创业有关的企业登记、税收等基本法律制度，说明依法经营的必要性。

第四单元　社会争议解决

教育目标

1.掌握解决社会争议的途径，识别人民调解、商事仲裁、诉讼等不同解决社会争议的方式和程序。

2.使用"自主、合作、探究"的学习方式，学会根据具体情况，合理选择运用解决社会争议的方式，妥善处理纠纷。

3.通过学习，让学生了解和解、调解、仲裁、诉讼等解决纠纷手段的概念和使用情境。

第九课　纠纷的多元解决方式

思政教育目标：

1.了解纠纷的多元解决方式，更为理性地看待生活中的矛盾和纠纷，懂得不同纠纷解决机制。

2.认识调解与仲裁的不同点和不同使用情境，进一步提高主动学法的意愿和自觉用法的能力。

核心素养目标：

1.树立"以和为贵"的和谐意识，优先运用调解解决纠纷。

2.学会选择最优的方式解决纠纷，在不伤和气的同时维护自身权益。

第十课　诉讼实现公平正义

思政教育目标：

1.了解民事诉讼、行政诉讼和刑事诉讼的各自特点和程序，增强法治意识。

2.学会合理运用证据规则，严格遵守诉讼程序，培养公正观念，树立证据意识。

核心素养目标：

1.树立法治意识，正确行使诉讼权利，利用法律武器维护社会公平正义。

2.学会选择最优的诉讼方式解决纠纷，熟悉公民获得法律援助的渠道，维护好自身合法权益。

选择性必修3 · 逻辑与思维

第一单元 树立科学思维观念

教育目标

1.掌握一些实用的思维方法，提高学生的科学思维能力。

2.使用"自主、合作、探究"的学习方式，学会运用正确的立场、观点、方法分析问题，以帮助学生更好地解决问题和困难。

3.通过学习，把学习同思考、观察同思考、实践同思考紧密结合起来，建立富有逻辑的清晰思路。

第一课　走进思维世界

思政教育目标：

1.了解思维的含义与特征，把握思维的基本形态及其特征。

2.理解不同思维形态的独特功用及彼此相辅相成的关系。

核心素养目标：

1.了解不同思维对人类学习产生的不同效果，并找到优秀的思维方法来提高自己的学习能力。

2.思考怎样才能突破井底之蛙、夏天之虫等思维局限，以更好地完善自己的思维。

第二课 把握逻辑要义

思政教育目标：

1.了解逻辑的含义与特征，学会灵活运用逻辑思维和方法。

2.明确合乎逻辑的思维需要遵循哪些基本要求。

核心素养目标：

1.了解"逻辑"的不同用法，善于运用逻辑思维解决问题。

2.思考语言表达如何合乎逻辑，提高学生的演讲能力和写作能力。

第三课　领会科学思维

思政教育目标：

1.了解科学思维的含义与特征，懂得正确思维的基本条件。

2.理解学习科学思维的重要意义，让我们的思维更加自觉地走向科学思维。

核心素养目标：

1.明确只有科学思维才能指导人们在实践中实现预期目的。

2.理解新发展理念的科学性，学会用科学的逻辑思维解决问题。

第二单元　遵循逻辑思维规则

教育目标

1.帮助学生明确概念、准确判断、正确推理。

2.使用"自主、合作、探究"的学习方式，让学生的思维更加合乎逻辑。

3.通过学习，让学生的语言表达和文字表述更清楚明白、通俗易懂。

第四课　准确把握概念

思政教育目标：

1.明确概念的重要性：概念是逻辑思维的细胞，是思维坚实的基础。

2.学习明确概念的方法，理解任何概念都是内涵和外延的统一。

核心素养目标：

1.了解概念的基本特征，使学生在学习过程中更好地理解事物的概念。

2.学习如何从内涵和外延方面掌握明确概念的具体方法，掌握判断概念的技巧，提高明确概念的能力。

第五课　正确运用判断

思政教育目标：

1.明确判断的构成和逻辑特征，提高学生的判断能力。

2.学习区分不同判断的类型，提高学生运用不同判断解决问题的能力。

核心素养目标：

1.了解判断的类型是依据怎样的标准划分的，明白判断的本质。了解形成恰当判断的条件，学会正确运用判断。

2.学习如何才能正确运用不同类型的判断，以提高明辨是非的能力。

第六课　掌握演绎推理方法

思政教育目标：

1.明确推理的含义，区分推理的种类。

2.鼓励学生善用推理，用推理解决问题，创新思路。

核心素养目标：

1.学习换质推理、换位推理和三段论推理规则以及对应的逻辑错误，掌握推理技巧，提高判断推理的能力。

2.掌握联言推理、选言推理、假言推理的有效方法，学会正确地运用演绎推理解决实际问题。

第七课　学会归纳与类比推理

思政教育目标：

1.明确归纳推理的含义和类型，了解类比推理的含义和方法。

2.灵活运用不同的推理方案解决生活和学习中的种种问题。

核心素养目标：

1.运用归纳推理探求事物的因果关系，寻找事物之间的规律性关系。

2.学会运用类比推理，叩问创新思维之门。

第三单元　运用辩证思维方法

教育目标

1.帮助学生明确"辩证"的概念，树立辩证看待事物的意识。

2.使用"自主、合作、探究"的学习方式，让学生学会判断社会万象中的是非、正误、主次，人生历程中的真假、善恶、美丑。

3.通过学习，让学生学会在日常生活和学习中善于运用辩证思维的方法。

第八课　把握辩证分合

思政教育目标：

1.学会透过现象看事物本质，用联系、发展、全面的观点看待事物和思考问题。

2.学习用分析与综合的视角深刻地认识事物。

核心素养目标：

1.了解辩证思维的含义、实质与核心以及特征。

2.理解分析与综合的辩证关系，用分析与综合的方法全面地看待问题，在辩证的分析与综合中把握事物的本质和规律。

第九课 理解质量互变

思政教育目标：

1.理解事物发展过程中的渐进性和飞跃性，懂得事物的发展过程是量变与质变的统一，理解质量互变规律。

2.把握适度原则，学会恰到好处地把握事物的发展进程。

核心素养目标：

1.学会遵循质量互变规律，并在其基础上理解适度原则。

2.学会用适度思维方式认识事物的变化，把握事物的发展。

第十课　推动认识发展

思政教育目标：

1.辨析简单肯定一切或否定一切的危害，树立辩证否定观。

2.学会从感性认识上升到对事物本质的把握。

核心素养目标：

1.了解辩证否定的实质，学会在继承的基础上开拓和创新。

2.了解认识经过"感性具体—思维抽象—思维具体"的历程，提升推动认识发展的能力和水平。

第四单元 提高创新思维能力

教育目标

1.探清思维差异的根本原因，并努力提高自己的思维能力。

2.使用"自主、合作、探究"的学习方式，让学生学会以实践为基础，借鉴他人成功经验，吸取他人的失败教训。

3.通过学习，让学生学会在日常生活和学习中灵活运用创新思维方法，提高创新能力。

第十一课　创新思维要善于联想

思政教育目标：

1.了解创新思维的含义与特征，开拓自己的创新思维。

2.树立创新意识，面对新情况和新问题时要开动脑筋，积极创新。

核心素养目标：

1.养成善于联系、善于迁移、发挥想象的好习惯，培养学生的联想意识。

2.了解联想的方法，并借助联想提高创新能力，把联想灵活运用于学习和生活。

第十二课　创新思维要多路探索

思政教育目标：

1.了解发散思维和聚合思维的含义与特征，灵活运用不同思维方法解决问题。

2.树立发散思维意识，学会打开思路；同时学会将思路聚焦到特定的问题上，抓住重点问题予以优先解决。

核心素养目标：

1.学会发散思维和聚合思维的方法以及两者的辩证关系。

2.辩证地把握逆向思维和正向思维的互补关系，提高创新思维的水平。

第十三课　创新思维要力求超前

思政教育目标：

1.了解超前思维的含义与特征，明确超前思维的重要意义。

2.掌握超前思维的方法，树立超前思维意识，高瞻远瞩，用超前思维规划美好未来。

核心素养目标：

1.明确超前思维的重要性：凡事预则立，不预则废。体会超前思维是对常识局限性的突破和超越。

2.学会综合运用逻辑思维、辩证思维等多种思维方法，在脚踏实地的同时仰望星空。

德融
课堂

历史

第一单元　从中华文明起源到秦汉统一多民族封建国家的建立与巩固

教育目标

1.掌握本单元中出现的中华文明起源历史，把握各个时期的政策变动，理顺中华文明的起源情况以及早期国家特征，理解战国时期变法运动的必然性。

2.通过学习了解本单元中孔子、老子学说和思想，从而进一步了解百家争鸣的历史状况。

3.在学习秦汉时期历史的基础上，总结统一多民族国家建立的过程及历史意义，通过对比分析，提升历史素养，分析秦朝被推翻和两汉衰亡的原因。

第一课　中华文明的起源与早期国家

思政教育目标：

1.通过了解石器时代中国境内有代表性的文化遗存，认识他们与中华文明起源以及私有制、阶级和国家产生的关系，继承优秀文化传统。

2.通过甲骨文、青铜铭文及其他文献记载，了解私有制、阶级和早期国家的起源特征，对中华文明进行全面的了解，树立正确的国家观念。

核心素养目标：

1.通过了解中国石器时代中国境内文化遗存发展状况，进一步理解生产力发展对中华文明发展的影响。

2.通过文献资料和表格掌握夏商周三代的政治制度，理解生产力发展对于中华文明和国家起源的推动作用。

第二课 诸侯纷争与变法运动

思政教育目标：

1.通过不同时期地图的对比，感受时空的变化，理解中国历史不断向前发展的趋势。

2.了解春秋、战国时期诸侯纷争的史实，认识民族关系在这一时期的重要变化，在华夏认同观念逐步形成的过程中体会家国情怀。

核心素养目标：

1.通过史料阅读的对比，全面客观地评价战国时期政治、经济的发展，学会用辩证思维分析问题，培养学生的唯物史观。

2.通过对变法运动产生的背景的分析，理解变法运动出现的必然性。

3.在春秋战国政治环境剧烈变化和经济不断发展的背景下，思想出现蓬勃的发展，通过史料认识孔子、老子的思想，再进一步通过了解孟子、荀子、庄子、韩非子的思想，分析"百家争鸣"的局面及其意义。

第三课　秦统一多民族封建国家的建立

思政教育目标：

1.了解统一多民族国家建立和巩固的过程，培养学生对于国家统一的认同，树立国家统一的团结意识。

2.通过学习秦朝的历史，让学生体会到中华民族文化的博大精深，培养他们的民族自豪感。

核心素养目标：

1.了解秦朝建立的历史条件和背景，通过学习理解统一多民族国家建立的历史意义。

2.认识秦朝在中国和世界历史发展中的重要地位，学习中央集权制度的主要内容、作用及其影响。

3.通过秦朝的灭亡，重点解释"以人为本""仁政爱民"的人文关怀精神。

第四课 西汉与东汉——统一多民族国家的巩固

思政教育目标：

1.结合秦速亡背景，能够解释"与民休息"政策、文景之治、郡国并行制等概念，提高自身评价历史事件的能力。

2.利用表格，归纳汉武帝大一统的主要措施，认识其对推动统一多民族国家巩固的历史意义，培养民族认同感。

核心素养目标：

1.结合史料，能够概述"光武中兴""党锢之祸""黄巾起义"基本历史概念。体会其蕴含的社会矛盾，概括两汉崩溃的历史原因与经验教训。

2.通过学习两汉时期的文化成就，体会"特定时期的文化是特定时期经济、政治的产物"，在此基础上，树立文化自信、文化自尊的心态。

第二单元　三国两晋南北朝的民族交融与隋唐统一多民族封建国家的发展

教育目标

1.通过本单元的学习，了解三国两晋南北朝政权更迭的历史脉络和隋唐王朝的鼎盛局面，认识这一时期制度演进、民族交融、区域开发和思想文化发展等新的成就。

2.使用表格、框架图等方法解析三国两晋南北朝的政策变动，并与隋唐统一多民族国家的政策进行对比分析。

3.学习文中的民族政策，吸取其中的经验教训，并对当下的民族政策进行思考。

第五课　三国两晋南北朝的政权更迭与民族交融

思政教育目标：

1.通过学习王朝更迭的历史脉络，理解国家分裂情况下国家的治理和人民的生活状况，理解国家统一的必要性，加强学生自身的集体意识。

2.学习各个王朝的民族政策，分析大环境下民族政策的变化，厘清民族交融下社会的发展状况，提升对各民族间互相学习、互帮互助的认识。

核心素养目标：

1.在概括三国与两晋、东晋与南朝、十六国与北朝等时期朝代更替的基本史实的基础上，能够运用示意图梳理三国两晋南北朝的政权更迭情况，认识三国两晋南北朝时期国家分裂、政权更迭频繁的时代特征。

2.认识当时民族矛盾尖锐、民族冲突严重的特点，在概括南方的开发、北魏孝文帝改革等基本史实的基础上，说明三国两晋南北朝时期的民族交融。

3.能够运用有关史料，从当时的情境和历史的角度论述三国两晋南北朝时期民族交融的重要影响；探讨三国两晋南北朝时期在中华民族多元一体格局形成过程中的地位和作用。

第六课　从隋唐盛世到五代十国

思政教育目标：

1.通过把握三国至唐前期分合更迭的历史脉络，认识这一时期民族交融、区域开发的历史意义，树立正确的民族观念。

2.学习隋唐时期采取的一系列巩固统一的措施，进行对比，分析其中的利弊得失，吸取这些政策中的经验教训，研究其对当下政策的适用性。

核心素养目标：

1.在概括隋唐至五代十国朝代更替的基本史实的基础上，能够运用示意图梳理隋唐至五代十国的政权更迭情况。

2.在概括隋唐巩固统一的措施基础上，能够运用有关史料，认识隋唐时期在中华民族多元一体格局形成过程中的地位和作用，并总结历史的经验教训。

第七课　隋唐制度的变化与创新

思政教育目标：

1.通过本课学习，了解科举制度在隋唐时期产生和完善的主要情况，了解它给隋唐社会带来的重大影响，形成对于考试制度的初步认知。

2.了解隋唐作为社会大转型时期的社会状况，学习三省六部制对于封建君主专制的影响，分析赋税制度的变更和对人民的影响，认识到历史变化中统治制度和农耕经济的发展。

核心素养目标：

1.通过本课学习，使学生了解科举制度在隋唐时期产生和完善的主要情况，了解它给隋唐社会带来的影响，掌握三省六部制的建立与发展。理解其对加强君主专制所起到的作用。

2.了解中国古代分裂及统一时期的基本史实，理解制度建设对维护国家统一与稳定的作用，形成正确的国家统一观念。

3.通过讲述隋唐时期我国同亚洲各国的交往情况，分析这种友好交往对历史发展产生的重大影响，总结出唐文化的世界意义。

第八课　三国至隋唐的文化

思政教育目标：

1.通过本课学习，使学生认识到李白、杜甫、白居易不仅诗歌艺术极具特色，才华过人，而且热爱祖国，关心民情，具有高尚的情操和爱国情感，以此教育学生做人应德才兼备。

2.通过学习本课的相关知识，理解思想、文化、科技的发展与当时的时代环境有着密切的关系，理解物质决定意识的基本规律。

3.通过讨论隋朝创立科举制度的原因、科举制度的影响等问题，培养学生从具体历史事实引出结论的能力。通过采用小组讨论的方式，培养学生共同学习、互相促进的能力。

核心素养目标：

1.通过讲述隋唐时期我国同亚洲各国，这种友好交往对历史发展产生的重大影响，总结出唐文化的世界意义。

2.通过学习本课，培养学生的艺术修养和鉴赏能力，诱发学生对书法、绘画艺术的兴趣和爱好。

3.通过学习三国至隋唐的文化，感受中国传统文化的魅力，体会中国古代文明的辉煌成就，认识到文化的繁荣离不开自我更新以及对外来文化的包容，认识中华文明的历史价值，树立文化自信。

第三单元　辽宋夏金多民族政权的并立与元朝的统一

1.厘清从多民族政权并立到统一的过程，通过研究历史脉络找出民族融合的轨迹，分析统一多民族国家的发展。

2.通过了解两宋的政治和军事，认识这一时期在政治、经济、文化与社会等方面的新变化。

3.通过了解辽夏金元诸政权的建立、发展和相关制度建设，认识北方少数民族政权在统一多民族封建国家发展中的重要作用。

第九课　两宋的政治与军事

思政教育目标：

1.通过对宋代加强专制主义中央集权措施的分析，培养运用历史唯物主义和辩证唯物主义的基本观点分析历史问题的能力。

2.分析这一时期政治制度的特点，了解它对中国历史的深远影响，分析多民族国家巩固政策，培养家国情怀。

核心素养目标：

1.了解北宋加强中央集权的措施、边防压力与财政危机、庆历新政和王安石变法等史实，认识北宋强化中央集权的特征及利弊。

2.知道宋朝建立的时间，理解南宋与北宋的划分，在对历史材料的研读和分析中，初步掌握处理历史资料的一般方法，引导学生运用图表法加强对主干知识的理解，形成本课的知识框架与结构。

第十课 辽夏金元的统治

思政教育目标：

1.了解辽、宋、西夏、金等政权的并立，理解元朝的民族关系，形成大一统、大团结的民族观念。

2.通过学习，使学生正确认识民族战争的性质，树立正确的民族观，即中国历史上出现过的任何民族都是中华民族的组成部分。

核心素养目标：

1.通过学习和思考各民族政权的并立与和战关系，正确认识澶渊之盟、宋金和议对民族间和平与发展所起的作用，培养学生辩证地认识和思考问题的能力。

2.掌握各少数民族政权存在的时间，与大致的地理区域划分。引导学生运用图表法加强对主干知识的理解，形成本课的知识框架与结构。

第十一课　辽宋夏金元的经济与社会

思政教育目标：

1.分析史料，运用唯物史观理解经济变化所带来的宋元社会的新变化，对宋代社会的新特点进行论述，提高学生的历史解释能力。

2.通过史料透析宋元时期中华民族高度发达的文明和社会风貌，提高史料实证能力，培养家国情怀。

核心素养目标：

1.在了解宋元时期经济发展和社会变化等重要史实的基础上，对宋代人们生活水平状况进行探究，进一步分析历史史实，并与当今生活方式进行对比。

2.对比宋元的社会和经济生活状况，对比分析政策变化和人民生活习惯变化，了解宋元时期文明生活对于中华文明的重要意义。

第十二课　辽宋夏金元的文化

思政教育目标：

1.通过对多样性民族文化的学习，分析各民族文化融合下的文化发展状况，培养对于多民族文化的兴趣，增强文化自信意识。

2.学习运用程朱理学、宋词元曲、文人画、三大发明技术的成熟和少数民族文字等史实或史料，论证它们对塑造民族性格、促进民族融合、创造东西方交流条件的作用。

核心素养目标：

1.探究和感悟辽宋夏金元文化对推动中国古代传统文化传承和人类文明进步的重大意义。

2.结合辽宋夏金元时期政治和经济方面的时代背景，了解在时代背景下催生出的灿烂辉煌，民族性与多样性共存的文化。

第四单元　明清中国版图的奠定与面临的挑战

教育目标

1.通过本单元的学习，了解明清时期统一全国和经略边疆的相关举措，认识这一时期统一多民族封建国家版图奠定的重要意义。

2.了解明清时期社会经济、思想文化的重要变化，认识明清时期封建专制发展和世界形势变化对中国的影响，以及中国社会面临的危机。

3.结合教材，利用史料，了解封建君主专制的发展和相关政策变化，分析其对社会政治经济状况的影响，认识封建君主专制政策的得失。

第十三课　从明朝建立到清军入关

思政教育目标：

1.了解明清时期统一全国的政策，明确认识到南海诸岛、台湾及其包括钓鱼岛在内的附属岛屿是中国版图的一部分。

2.结合明朝的郑和下西洋以及对西藏和东北的治理，从"时空观念"角度认识统一多民族国家的巩固和发展，增强自身对国家统一、民族团结的认识。

核心素养目标：

1.通过了解明清时期封建专制的发展、世界的变化对中国的影响，认识中国社会面临的危机。

2.结合明朝政治体制的变化，从"历史解释"角度认识明朝时期封建专制的发展和制度创新。

3.了解东南沿海的抗倭斗争和荷兰侵占台湾等史实，从"家国情怀"角度认识中国社会面临的危机。

第十四课 清朝前中期的鼎盛与危机

思政教育目标：

1.了解清朝的封建统治政策，认识这一时期统一多民族国家版图奠定的重要意义，形成全球史观的系统知识。

2.了解清初加强君主专制的史实，认识君主专制对中国社会产生的积极和消极影响，理解社会历史发展的趋势和人心向背的理念。

核心素养目标：

1.探究清前中期"康乾盛世"的鼎盛蕴含的危机，分析其政策措施以及社会历史条件背后的推动作用。

2.了解军机处、奏折制度对中央统治的影响，结合文字狱，对比分析清朝危机出现的制度原因。

第十五课　明至清中叶的经济与文化

思政教育目标：

1.概括王阳明心学的主张，分析评价其影响。概述明清之际的进步思想及其主张，理解认识并分析其产生的原因和影响，分析其对现在思想的适用意义。

2.感悟明清时期随着商品经济的发展和思想活跃，社会价值取向和文化倾向发生的巨大变化，从家国情怀的角度理解明清小说、戏曲和科技的发展对中国文化做出的贡献。

3.归纳明清时期的文学艺术、科技等主要成就，理解明清时期西方文化传播的影响，认识文化发展中"取其精华，去其糟粕"的文化理念。

核心素养目标：

1.了解明清时期社会经济、思想文化的重要变化，通过了解明清时期封建专制的发展、世界的变化对中国的影响，认识中国社会面临的危机。

2.归纳明清时期传统的农耕经济发展的表现，理解认识其影响及局限性。

3.学习明中期高产农作物的传入，小说和戏曲发展情况，探究明清社会经济的发展与局限和明清时期思想领域的变化，立足唯物史观认知明清时期传统经济结构和专制体制的束缚。

第五单元　晚清时期的内忧外患与救亡图存

教育目标

1.了解并掌握十九世纪的中国和世界，从世界大环境出发分析"外患"所在，把握其对中国社会经济的影响。

2.分析晚清对外政策和治国方略，了解"内忧"形成和发展的原因，从社会背景出发探究历史发展的必然性。

3.学习清朝统治下的社会发展状况，认识西方列强侵略中国的内外因素，将晚清时期的中国与同时期的世界各国进行对比分析，深化对于开放发展的认识。

第十六课　两次鸦片战争

思政教育目标：

1.通过学习，运用联系发展、客观辩证的方法，评价两次鸦片战争的影响，培养学生用历史唯物主义和辩证唯物主义分析历史问题的能力。

2.通过教学让学生认识鸦片战争时期睁眼看世界的仁人志士的主张，培养中华民族不屈不挠的民族精神和深厚的爱国主义情怀。

核心素养目标：

1.认识两次鸦片战争所处的特定时空环境，抓住其特定时空背景和阶段特征。

2.通过历史图片和历史资料实证两次鸦片战争的原因、经过、特点、影响，认识鸦片战争打开了中国的门户，是中国社会开始沦为半殖民地半封建社会的历史节点。

第十七课　国家出路的探索与列强侵略的加剧

思政教育目标：

1.认识列强侵华对中国社会的影响，概述晚清时期中国人民反抗外来侵略的斗争事迹，理解其性质和意义，认识社会各阶级为挽救危局所作的努力及存在的局限性。

2.通过学习认识农民阶级的太平天国运动的历史意义，认识"师夷长技以自强"的理论与实践，培养中华民族不屈不挠的民族精神和深厚的爱国主义情怀。

3.从家国情怀角度认识中华民族英勇不屈的斗争精神和爱国热情，体会爱国官兵捍卫国家主权的斗争精神、台湾义军和黑旗军反割台湾的爱国主义情怀。

核心素养目标：

1.了解太平天国运动的主要史实，从"唯物史观"角度认识农民起义在民主革命时期的作用与局限性，理解洋务运动对中国近代化的作用。

2.列举19世纪60年代以后至1900年间西方列强的侵华史实，概述中国军民反抗外来侵略斗争的事迹，通过时空观念掌握甲午中日战争、19世纪60至90年代洋务运动、1894至1895年甲午中日战争。

3.运用史料实证探究太平天国的革命纲领，"求强""求富"的洋务新政，《马关条约》的内容及影响，明确洋务运动是中国早期现代化的尝试。

第十八课　挽救民族危亡的斗争

思政教育目标：

1.进一步熟悉唯物史观，尝试运用辩证分析的方法，分析戊戌变法及义和团运动的历史进步性与局限性。

2.感悟爱国主义精神，并将近代国家屈辱与先进中国人探索救国道路联系起来，思考个人成长之路，形成对国家、民族的认同，践行社会主义核心价值观。

核心素养目标：

1.概述资产阶级维新派救亡图存的努力，认识其历史意义及局限性；认识义和团抗争的历史背景及其价值，并辩证分析其局限性。

2.了解八国联军侵华的史实，认识《辛丑条约》的危害及其对中国的深远影响。借助时空观念，构建出近代中国"列强冲击—民族危机加深—抗争"的知识线索。

3.学习孙中山"三民主义"的基本内容，理解辛亥革命与中华民国的建立对中国结束帝制、建立民国的意义及局限性。

第六单元　辛亥革命与中华民国的建立

教育目标

1.了解孙中山"三民主义"的基本内容，理解辛亥革命与中华民国建立对中国结束帝制、建立民国的意义及局限性。

2.学习北洋军阀的统治及特点，概述新文化运动的主要内容，探讨其对近代中国思想解放的影响。

3.探讨革命对于中国历史发展的重要影响，分析中华民国建立后政治、社会、经济等各方面的发展状况。

第十九课　辛亥革命

思政教育目标：

1.在概述辛亥革命发生发展等基本史实的基础上，能够运用历史地图从时空上把握武昌起义后全国响应革命的具体情况，提高学生的时空观念。

2.能够运用相关史料，认识到中国近代社会的进步是无数仁人志士用鲜血换来的，从中渗透家国情怀，强化自身的爱国意志。

核心素养目标：

1.从当时的时代背景和以孙中山为首的革命人为挽救民族危机所做的种种努力的视角，阐述辛亥革命的发生与帝制的终结、建立中华民国的艰辛。

2.探讨辛亥革命的历史意义及局限性，认识辛亥革命给近代中国带来巨大变化的同时总结其经验教训。

第二十课　北洋军阀统治时期的政治、经济和文化

思政教育目标：

1.运用相关史料和所学知识，从历史发展的角度和不同的视角探讨新文化运动对近代中国思想解放的深远影响，并感受在新旧文化、新旧思想的碰撞下近代社会发展进步的艰难性。

2.学习北洋军阀统治时期的政策对于社会环境的影响，分析军阀割据、政局动荡情况下对人民生活的消极影响，加强对于国家统一、和平稳定的理解。

核心素养目标：

1.在讲述北洋军阀统治时期基本史实的基础上，运用教材内容和文字材料归纳总结袁世凯统治时期和军阀割据时期的统治特征，理解北洋军阀统治的反动和黑暗。

2.在运用有关史料分析民族工业发展状况的基础上，一方面理解新文化运动爆发的必然性，另一方面概括表述新文化运动的主要内容，理解新文化运动主要内容的内在含义和内在联系。

第七单元　中国共产党成立与新民主主义革命兴起

教育目标

1.通过学习本单元中的重大事件和重要历史节点，认识五四爱国运动的历史意义，分析五四运动中的领导人物和主要阵地，按照历史脉络厘清五四运动过程中的变化。

2.学习中国共产党的成立，认识马克思主义在中国的传播及对中国共产党成立和发展的重大影响，了解中国共产党成立对于整个中华民族的历史意义。

3.分析新民主主义革命，学习其开始的时间，通过学习进一步认识国共合作领导国民革命的历史作用。

第二十一课　五四运动与中国共产党的诞生

思政教育目标：

1.通过学习五四运动，分析群众运动的价值所在，强化以人为本的理念，理解历史进步和人民之间的关系。

2.分析中国革命的进程，学习陈独秀、李大钊等优秀共产党人在这一时期所做的伟大贡献，学习他们奉献自身、为国家奋斗的大无畏精神。

3.通过学习重要历史事件，了解中国共产党成立的历史条件，学习红船精神。

核心素养目标：

1.通过时空观念掌握1919年五四运动、1921年中国共产党成立、1924年第一次国共合作形成、1926年北伐这些重大历史事件。

2.运用史料实证探究五四运动的意义，了解中国共产党成立是开天辟地的大事件，分析马克思主义在中国的传播。

3.明确国共合作影响着国民革命的进程，推动了国民革命的发展。

第二十二课
南京国民政府的统治和中国共产党开辟革命新道路

思政教育目标：

1.了解和体会中国共产党根据国情探索革命新道路的艰难和伟大的长征精神。对比两种道路和选择，认识中国共产党代表最广大人民的根本利益。

2.感悟中国共产党英勇不屈的精神，认识中共开辟革命新道路的历程和意义。

核心素养目标：

1.通过分析扇形图及补充史料等材料，得出南京国民政府时期民族工业发展的信息，以及红军长征的原因和遵义会议的内容、意义。提高史料实证意识和历史解释的素养。

2.认识红军长征的原因和遵义会议的内容、意义，提高对于革命新道路的认识。

第八单元　中华民族的抗日战争和人民解放战争

教育目标

1.通过学习本单元的内容，了解日本军国主义的侵华罪行，了解正面战场和敌后战场的抗战情况。

2.认识中国共产党是全民族团结抗战的中流砥柱，认识中国战场是世界反法西斯战场的东方主战场，理解十四年抗战胜利在中华民族伟大复兴中的历史意义。

3.了解全面内战的爆发及人民解放战争的进程，分析国民党政权在大陆统治灭亡的原因，探讨中国共产党领导人民取得中国革命胜利的原因和意义。

第二十三课 从局部抗战到全面抗战

思政教育目标：

1.通过学习认识中华民族抗日战争的反侵略斗争精神，培养中华民族不屈不挠的民族精神和深厚的爱国主义情怀。

2.客观评价国共领导的全民族抗战的功绩，培养利用历史唯物主义和辩证唯物主义分析历史问题的能力。

核心素养目标：

1.通过学习，认识从局部抗战到全面抗战所处的特定时空环境，抓住其特定时空背景和阶段特征。

2.通过历史图片和历史资料提出问题、设置悬念，论证中国共产党与国民党全民族抗战的特点及影响。

3.运用本课教材中文献资料所提供的有效信息，厘清日本从局部侵华到全面侵华，再到国共两党建立抗日民族统一战线，最终中华民族的全民族抗战局面形成的历史脉络。

第二十四课　全民族浴血奋战与抗日战争的胜利

思政教育目标：

1.通过学习认识中华民族抗日战争胜利的历史意义，培养中华民族不屈不挠的民族精神和深厚的爱国主义情怀。

2.通过学习，论证正面战场、敌后战场的特点及影响，培养利用历史唯物主义和辩证唯物主义分析历史问题的能力。

核心素养目标：

1.认识抗日战争的胜利所处的特定时空环境，抓住其特定时空背景和阶段特征。

2.运用本课教材中文献资料所提供的有效信息，认识中华民族浴血奋战与抗日战争胜利的历程，学习全民族团结抗战的精神。

第二十五课　人民解放战争

思政教育目标：

1.通过学习，认识到中国共产党领导中国人民走社会主义道路是历史的选择，是人民的选择。

2.分析全面内战的过程和结果，理解革命胜利与人民之间的关系，深刻认识国家与人民之间的关系，树立"从群众中来，到群众中去"的坚定理念。

核心素养目标：

1.通过了解全面内战的爆发及人民解放战争的进程，重点探讨国民党政权在大陆统治灭亡的原因。

2.探究中国共产党领导人民取得中国革命胜利的原因和意义。

第九单元　中华人民共和国成立和社会主义革命与建设

教育目标

1.通过本单元的学习，认识中华人民共和国成立的伟大意义，了解新中国巩固人民政权的主要举措，认识新中国为民主政治建设和向社会主义过渡所作出的努力。

2.了解20世纪50至70年代中国探索社会主义建设道路的曲折发展和成就，认识"文化大革命"的错误及教训。

3.理解政治、经济、外交、国防等领域所取得的成就在新中国历史上所具有的开创性、奠基性意义，了解和感悟这一时期中国人民艰苦奋斗、奋发图强的精神面貌。

第二十六课　中华人民共和国成立和向社会主义的过渡

思政教育目标：

1.概述新中国初期民主法制建设的主要成就，分析认识《中华人民共和国宪法》规定的民主法制原则，提高法制意识。

2.通过教学让学生认识理解中华人民共和国成立的伟大意义，培养中华民族不屈不挠的民族精神和深厚的爱国主义情怀。

核心素养目标：

1.通过学习，运用唯物史观及辩证分析看待历史的有关理论，概括归纳新中国初期的过渡时期总路线的内容及实践，分析其历史意义。

2.认识中华人民共和国成立和向社会主义过渡所处的特定时空环境，抓住其特定时空背景和阶段特征。

3.运用本课教材所提供的有效信息，概述《中国人民政治协商会议共同纲领》的内容、地位和性质，认识新中国法治的发展历程。

第二十七课　社会主义建设在探索中曲折发展

思政教育目标：

1.通过学习理解感悟社会主义建设时期形成的中国人民艰苦奋斗、奋发图强的精神内涵及影响，培养中华民族不屈不挠的民族精神和深厚的爱国主义情怀。

2.认识社会主义建设在探索中曲折发展所处的特定时空环境，抓住其特定时空背景和阶段特征。

核心素养目标：

1.通过学习，运用唯物史观辩证地看待历史的有关理论，概括20世纪50至70年代中国探索社会主义的重大成就及失误，分析认识其经验教训。

2.归纳"文化大革命"的原因、表现、过程和影响，归纳毛泽东对中国革命和社会主义建设的贡献，概括归纳全面建设社会主义时期政治、经济、外交、国防等领域的成就，分析评价其重大意义。

第十单元　改革开放与社会主义现代化建设新时期

教育目标

1.通过本单元的学习认识真理标准问题大讨论和中共十一届三中全会的历史意义，认识改革开放以来中国在各个领域取得的成就、综合国力及国际影响力的不断提高。

2.通过学习邓小平理论、"三个代表"重要思想、科学发展观以及习近平新时代中国特色社会主义思想，形成对中国特色社会主义道路、理论体系、制度、文化的形成过程及意义的系统认识。

第二十八课　中国特色社会主义道路的开辟与发展

思政教育目标：

1.了解中共十一届三中全会的背景和内容，从历史解释角度认识中共十一届三中全会的历史意义。

2.结合港澳回归和两岸关系的发展，从家国情怀角度认识"一国两制"对实现祖国统一的重大意义。

核心素养目标：

1.概述中共十一届三中全会召开的历史背景，分析真理标准问题大讨论的意义，理解中共十一届三中全会的主要内容，认识其在中国历史发展过程中的重要意义。

2.概述改革开放以来中国在各领域的成就，从时空观念角度认识我国改革开放的进程。

3.通过史料分析，认识改革开放使我国综合国力和国际影响力不断提升，理解"改革开放是决定当代中国命运的关键一招"的科学论断。

第二十九课　改革开放以来的巨大成就

思政教育目标：

1.通过学习，运用唯物史观辩证地分析看待历史的有关理论，把握中国特色社会主义理论体系形成与发展的历程。

2.通过梳理邓小平理论、"三个代表"重要思想、科学发展观、习近平新时代中国特色社会主义思想的形成过程，培养中华民族不屈不挠的民族精神和深厚的爱国主义情怀。

核心素养目标：

1.通过《改革开放以来的巨大成就》教科书和配套课件，认识改革开放以来的巨大成就所处的特定时空环境，抓住其特定时空背景和阶段特征。

2.通过历史图片和历史资料，概述"三个代表"重要思想的基本内容，认识其对加强和改进党的建设，推进我国社会主义自我完善和发展的重要指导意义。

3.概述习近平新时代中国特色社会主义思想的内容，认识其是全党全国人民为实现中华民族伟大复兴而奋斗的行动指南。

德融课堂 大思政视域下的
学科德育创新建构

活动课　家国情怀与统一多民族国家的演进

教育目标

1.通过学习本书中的朝代更迭，梳理各个朝代在政治、经济、社会等各方面的政策措施，对比分析之后总结经验教训，概括从分裂到统一的历史脉络。

2.分析封建君主专制的利弊得失，与现代领导人的思想理论进行对照，发现其中存在的历史规律。

3.学习近代从土地革命到抗日战争再到解放战争的历史大事件，学习先辈勇于革命的大无畏精神，理解其中的家国情怀。

第一单元　古代文明的产生与发展

教育目标

1.通过本单元的学习，了解早期人类文明的产生，分析早期人类文明产生和发展的历史和社会条件。

2.了解各个文明古国发展的不同特点，对比分析其中的异同点，认识这些特点形成的不同时空条件。

3.把握各个文明古国的区域性影响和不同文明之间的早期联系，深入分析古代人类文明的诞生和发展。

第一课　文明的产生与早期发展

思政教育目标：

1.通过学习早期人类文明诞生的史料，了解人类文明诞生的重要历史意义，深入理解社会分工对于人类进步的推动作用，增强合作意识。

2.从早期城市的出现分析城市在人类聚居生活中的作用，了解人类历史发展中各类文明的生活方式，尊重多样化的文明。

核心素养目标：

1.列举古代世界四大文明古国并在地图中标注，从地理位置分析各个古国的生存方式和生活习惯。

2.从农业、手工业、商业等多方面分析人类文明产生的历史条件，观察早期人类的社会形态和相互之间的关系。

第二课　古代世界的帝国与文明的交流

思政教育目标：

1.通过对地图的分析，知道各大帝国的地理位置，增强时空观念，分析古代帝国的区域性影响，理解古代文明扩展与帝国兴起对于不同文明交流之间的意义；归纳世界历史纵向发展与横向发展的关系，认识从分散孤立到联系成为一个整体的历史趋势。

2.从古代奴隶制帝国兴衰存亡的过程中认识到帝国兴衰对文明的影响，了解和平交流是人类文明追求的永恒主题。

3.理解世界历史在空间上建立区域联系与时间上的发展趋势一致，以及两者之间的辩证关系。

核心素养目标：

1.了解古代埃及、西亚、印度、希腊文明扩展的条件及表现，比较分析希腊文明与其他文明扩展的不同。

2.归纳古代奴隶制帝国的政治制度和文明扩展的特点，认识古代文明交往的总趋势和表现。

3.了解各文明古国发展的不同特点，并分析、认识这些文明的特点及形成的不同时空条件；认识古代各大帝国的区域性影响和不同文明之间的早期联系。

第二单元　中古时期的世界

教育目标

1.通过本单元的学习，了解中古时期欧亚地区不同国家，民族，宗教和社会的变化，以及世界其他地区的社会状况，认识这一时期世界各区域文明的多元面貌。

2.对比中古时期世界各个区域的发展状况，总结其中的异同点，发现其中存在的人类发展规律。

3.分析不同区域生活习惯与地理位置和自然环境之间的关系，概括不同区域文明的发展进步进程。

第三课　中古时期的欧洲

思政教育目标：

1.从自然环境、经济状况、政治形态、文化传统等视角了解中古时期西欧、拜占庭、俄罗斯等不同地区和国家的民族、宗教和社会变化，理解这一时期欧洲各区域文明呈现多元面貌的原因。

2.感悟世界历史发展的多样性，理解和尊重世界不同民族的文化传统。

核心素养目标：

1.厘清历史进程中的变化与延续、继承与发展、原因与结果，建构历史发展的前后联系，认识历史发展的总体趋势。

2.知道西欧封建庄园、中古西欧的王权、教会与城市、拜占庭与俄罗斯等基本史实，理解中古时期欧洲社会的特点。

第四课　中古时期的亚洲

思政教育目标：

1.通过史料探究认识伊斯兰教在阿拉伯半岛统一中的作用，认识阿拉伯人对世界文明交流做出的贡献，了解古代亚洲的政治、经济及社会状况，进一步培养史料实证素养。

2.通过中古时期亚洲各国的文明交流和学习，理解各国的文化是各民族相互借鉴、交流学习创造的，理解东西文化相互交流借鉴的历史趋势。

核心素养目标：

1.分析阿拉伯帝国产生的背景，归纳阿拉伯帝国产生的条件，阿拉伯帝国的扩张；理解日本大化改新的背景，运用生产力和生产关系的原理分析大化改新的必然性、认识大化改新的影响。

2.了解认识古代阿拉伯帝国、奥斯曼土耳其帝国、古代印度、日本、古代朝鲜历史发展状况，认识各国的历史发展风貌。

第五课　古代非洲与美洲

思政教育目标：

1.通过学习，理解地理环境对古代非洲与美洲文明进程的影响，理解古代非洲与美洲文明对人类社会发展的影响，培养使用历史唯物主义和辩证唯物主义分析历史问题的能力。

2.通过学习认识到世界文明是由各民族、各地区人民共同创造，古代非洲与美洲文明具有多元性，培养对古代非洲与美洲政治、经济、文化发展的理性认识。

核心素养目标：

1.通过《古代非洲与美洲》教科书和配套课件，认识古代非洲与美洲所处的特定时空环境，抓住其特定时空背景和阶段特征。

2.概述古代非洲与美洲主要文明中心的区域范围及其文明成果，提高探究分析历史问题的能力。

3.运用本课教材中的有效信息，认识理解古代非洲与美洲主要文明繁荣与发展的局面，培养有效解读材料、自主分析归纳知识的能力。

第三单元 走向整体的世界

教育目标

1.通过学习单元内容，了解新航路的开辟及其引发的人口、物种和商品等的全球性流动，理解人类认识世界的能力的变化过程。

2.认识新航路开辟对于世界不同区域文明的积极和消极影响，辩证看待新航路的开辟。理解新航路的开辟是人类历史从分散走向整体过程中的重要节点。

第六课　全球航路的开辟

思政教育目标：

1.运用时空地位，通过对不同时期的历史地图分析，演绎中世纪欧洲对世界的认识，培养对人类历史文明进步的认同感。

2.认识新航路开辟对于全球流动的意义，以及其促进人类历史从分散走向整体的历史作用，强化全球经济一体化的观念。

核心素养目标：

1.通过对史料的分析，了解新航路开辟的动因和条件，认识新航路开辟是世界从分散走向整体过程的重要节点。

2.从全球史观审视新航开辟，理解新航路开辟在人类发展过程中的重大意义。

第七课　全球联系的初步建立与世界格局的演变

思政教育目标：

1.通过观看《三角贸易》图片，着重培养联系世界的全局眼光和国际视野。了解世界格局在新航路开辟后发生的演变，认识到全球观下，世界逐渐变为一个整体。

2.通过学习，认识到全球海路大通开启了真正意义上的世界历史的阶段，使全球各地从相对封闭走向联系，世界各国、各民族和地区开始逐渐联成一个息息相关的整体。

核心素养目标：

1.通过对比15世纪的世界地图和16世纪的世界地图，了解在15—16世纪随着新航路的开辟，人类对世界的认识得以迅速地扩张，世界开始连成一个整体。

2.感受新航路开辟产生的影响的多面性和全球联系初步建立在人口、物种、货币等多方面的表现，对新航路的开辟这一历史事件的巨大影响形成自己的认识和解释，辩证地看待世界格局演变中的辉煌与残忍。

第四单元　资本主义制度的确立

1.了解西方人文主义的发挥与资产阶级革命之间的历史渊源，认识资本主义制度确立的历史意义。

2.学习相继发生的文艺复兴、宗教改革、启蒙运动等思想解放运动，分析这些运动出现的政治、经济、社会条件。

3.分析资本主义扩张过程中在不同国家的发展状况，了解英国、美国、法国在资产阶级革命中的先锋作用，再进一步了解资本主义在俄国、日本、意大利等国家的发展情况。

第八课　欧洲的思想解放运动

思政教育目标：

1.综合使用文献资料、实物遗存等历史资料，认识人文主义者、宗教改革家、启蒙思想家的思想主张，体悟思想家关注人生、追求解放的人文情怀。

2.在学习课本内容的过程中，能够建构文艺复兴、宗教改革、近代科学与启蒙运动之间的相互关联，认识到启蒙运动是"应运而生"。

3.通过经典史料的阅读和图表的分析，能够整体把握启蒙思想的内在逻辑，理解启蒙运动"为资本主义制度的建立作了理论准备和舆论宣传"。

核心素养目标：

1.通过了解文艺复兴、宗教改革、启蒙运动与资产阶级革命的历史渊源，认识资产阶级革命的发生和资本主义制度的确立，是近代西方政治思想理念的初步实现。

2.了解文艺复兴、宗教改革、近代科学和启蒙运动的相关史实，认识到这些是西方人文主义和资产阶级革命、资本主义制度联系的前提和基础。

3.通过了解文艺复兴运动萌发的历史背景，感受中世纪和近代欧洲社会的分野和关联。

第九课 资产阶级革命与资本主义制度的确立

思政教育目标：

1.通过学习资产阶级革命的历史背景和事件经过，理解各国资产阶级革命的过程，结合资本主义的发展历史辩证分析资本主义制度。

2.了解资本主义制度，与社会主义制度进行对比，分析其中的异同点，在相互借鉴的基础上思考其对当今社会的适用性。

核心素养目标：

1.通过了解工业革命带来的社会生产力的极大发展以及所引起的生产关系的深刻变化，理解工业革命对资本主义世界体系的形成及对人类社会生活的深远影响。

2.掌握基本知识，工业革命的时间、空间范围，主要的发明成果；探析工业革命最早发生在英国的原因，以及两次工业革命的差异。

3.了解相关的名词、概念，什么是工业革命、工厂制度、垄断组织等，强化对于这一历史背景的认知。

第五单元　工业革命与马克思主义的诞生

教育目标

1.学习工业革命的背景，分析工业革命带来社会生产力的极大发展和生产关系的深刻变化。

2.分析工业革命在各个国家的影响状况，认识其对于资本主义世界体系的形成及人类社会生活产生的深远影响。

3.概括在工业革命背景下诞生的思想文化，以马克思主义为代表，分析这些思想文化出现的时代背景和在全世界的影响。

第十课　影响世界的工业革命

思政教育目标：

1.通过史料分析，理解工业革命对生产、生活及资本主义世界体系形成的深远影响。

2.在学习工业革命对于各国影响的基础上，感受科技的发展给生活带来的深刻变化，进一步深化"科学技术是第一生产力"的理念。

3.通过学习提升使命感，增强自信心，基于对工业革命的思索，探索应对第四次工业革命的方式。

核心素养目标：

1.通过了解工业革命带来的社会生产力的极大发展以及所引起生产关系的深刻变化，理解工业革命对资本主义世界体系的形成及对人类社会生活的深远影响。

2.抓住特定时空联系，了解工业革命的过程及成就，学习英国工业革命的背景、两次工业革命中的重要发明创造及工业革命的影响。

第十一课　马克思主义的诞生与传播

思政教育目标：

1.培养唯物史观，根据历史史实理解"科学理论来源于社会实践，并反作用于实践"。

2.通过学习马克思主义的传播，了解马克思主义对中国革命的影响，坚定马克思主义的正确指导。

核心素养目标：

1.理解马克思主义诞生的背景、创立过程；了解马克思、恩格斯积极投身工人运动的实践；理解马克思主义创立后的工人运动和马克思主义的世界影响。

2.从马克思主义诞生的历史条件、到马克思主义的诞生和发展、指导工人运动的时间线索，了解马克思主义源于西欧的工人运动实践，并扩展到东欧、东南欧和亚洲、美洲，梳理空间的发展。

第六单元　世界殖民体系与亚非拉民族独立运动

教育目标

1.了解西方列强建立世界殖民体系的过程，分析资本主义扩张的过程。

2.结合世界地图，将资本主义扩张与各个地区的发展变化相联系，分析其中的内在原因。

3.通过学习亚非拉民族独立运动，理解殖民地半殖民地的民族独立运动对世界历史发展的重要影响。

第十二课　资本主义世界殖民体系的形成

思政教育目标：

1.认识资本主义世界殖民体系伴随着资本主义经济的不断成长而日渐成型的过程。了解殖民者残酷压迫和奴役使殖民地、半殖民地国家地区的人民失去民族独立、自由和尊严，生活困苦，增强民族正义感和辨别是非的能力。

2.学习工业革命后欧美列强对非洲的全面殖民入侵，了解欧美列强在远离非洲并且没有任何一个非洲国家参与的情况下，在地图上划定了他们在非洲的界限，认识帝国主义国家的本质是侵略。

核心素养目标：

1.通过了解西方列强对亚非拉的殖民扩张、世界殖民体系的建立以及亚非拉人民的抗争，理解世界殖民体系的建立及殖民地半殖民地民族独立运动对世界历史发展的影响。

2.了解殖民者客观上也带来了先进的生产方式、生活方式和思想观念，促进了殖民地历史的发展和进步，世界市场进一步得到拓展，世界地区间的经济联系日益密切。

3.总结亚洲沦为殖民地半殖民的过程，分析归纳欧美国家殖民掠夺对亚洲产生的影响，通过学习理解第一次世界大战对世界秩序的影响，认识全人类反对战争、追求和平的愿望。

第十三课　亚非拉民族独立运动

思政教育目标：

1.通过学习殖民地半殖民地民族独立运动，认识殖民地半殖民地人民坚持民族独立的斗争精神，培养民族责任感和凝聚力。

2.分析资本主义列强与殖民地半殖民地人民的矛盾，体悟亚洲人民的觉醒意识，增强民族认同感。

核心素养目标：

1.通过了解西方列强对亚非拉的殖民扩张、世界殖民体系的建立以及亚非拉人民的抗争，理解世界殖民体系的建立及殖民地半殖民地民族独立运动对世界历史发展的影响。

2.认识亚非拉民族独立运动所处的特定时空环境，理解其时空背景，分析亚洲觉醒的历史背景。

第七单元　两次世界大战、十月革命与国际秩序的演变

教育目标

1.分别梳理两次世界大战发生的时代背景和交战各国，分析其引起的国际秩序的重要变化。

2.对比分析两次世界大战，理解两次世界大战之间的民族民主运动对国际秩序的影响。

3.学习俄国十月革命发生的历史背景，分析其对于本国的重要意义和对世界各国的启迪作用。

第十四课 第一次世界大战与战后国际秩序

思政教育目标：

1.通过历史图片和历史资料提出问题、设置悬念，学习第一次世界大战期间的马恩河战役、凡尔登战役、索姆河战役及日德兰海战的概况，提高探究分析历史问题的能力。

2.通过学习理解第一次世界大战对世界秩序的影响，认识全人类反对战争、追求和平的愿望。

核心素养目标：

1.通过学习，运用唯物史观看待历史的有关理论，了解第一次世界大战爆发的背景，分析第一次世界大战前两大军事集团的形成原因。

2.通过教科书和配套课件，认识第一次世界大战与战后国际秩序所处的特定时空环境，抓住其特定时空背景和阶段特征。

3.运用本课教材中的有效信息，学习巴黎和会和华盛顿会议的内容，分析评价凡尔赛—华盛顿体系，培养有效解读材料、自主分析归纳知识的能力。

第十五课 十月革命的胜利与苏联的社会主义实践

思政教育目标：

1.通过学习，运用唯物史观辩证分析历史的有关理论，结合列宁主义形成的过程分析俄国十月革命的历史背景，培养使用历史唯物主义和辩证唯物主义分析历史问题的能力。

2.通过学习认识并分析世界上第一个社会主义国家的建立对俄国和世界的历史意义，认识社会主义制度的进步性。

核心素养目标：

1.认识十月革命的胜利与苏联的社会主义实践所处的特定时空环境，抓住其特定时空背景和阶段特征。

2.通过二月革命和彼得格勒武装起义等事件识记十月革命的过程，提高探究分析历史问题的能力。

3.分析战时共产主义政策、新经济政策和斯大林时期的体制内容和影响，探究苏联建立社会主义实践的探索，培养有效解读材料、自主分析归纳知识的能力。

第十六课　亚非拉民族民主运动的高涨

思政教育目标：

1.通过对其中伟大历史人物事迹的解读，体会他们为民族奋斗的精神，强化自身的责任感和使命感。

2.认识第一次世界大战、俄国十月革命和共产党的广泛建立对两次世界大战之间亚非拉民族民主运动的影响，理解甘地"非暴力不合作"的思想。

核心素养目标：

1.通过对亚非拉民族民主运动发生背景的分析，明确民族资本主义经济的发展推动民族资产阶级和无产阶级力量的壮大，成为运动的领导阶级，以及民族矛盾的激化并引发运动。

2.通过学习相关史料，正确理解和认识亚非拉民族民主运动，认识其对国际秩序的影响。

第十七课　第二次世界大战与战后国际秩序的形成

思政教育目标：

1.综合运用各个角度，从具体到抽象，形成对战后世界新的国际格局和国际秩序的宏观认识，树立全球史观。

2.认识中国抗战为赢得世界反法西斯战争的胜利做出的重大贡献，以及中国在战后国际秩序的建立中起到的作用，强化民族自豪感和自信心。

核心素养目标：

1.了解法西斯主义产生的背景、内涵和特征，并对其进行合理解读。

2.运用唯物史观分析第二次世界大战爆发的原因以及战后国际秩序建立的积极意义。

3.运用历史地图和教科书内容，了解第二次世界大战的大致过程。

第八单元　20世纪下半叶世界的新变化

教育目标

1.通过学习本单元的内容，了解第二次世界大战后世界发生的各种新变化和面临的问题与挑战。

2.了解冷战的发生和潜在的矛盾状况，认识其对于世界格局的重大影响。

3.学习中国特色社会主义建设所取得的重大成就，体会社会主义的强大生机与活力。

第十八课　冷战与国际格局的演变

思政教育目标：

1.通过教学让学生认识科学技术新发展的主要内容，理解其产生的背景及人类进入信息时代发生的新变化。

2.通过学习二战后资本主义国家在科技、经济、社会结构等方面的新变化，了解国家宏观调控对于人民生活的意义，增强民族认同感和凝聚力。

核心素养目标：

1.通过学习国家的宏观调控、科学技术的新发展、社会结构的新变化、"福利国家"与社会运动，了解第二次世界大战后的资本主义国家的新变化的概况。

2.了解第二次世界大战后资本主义国家社会结构和社会运动的主要表现，加深对资本主义社会本质的理解。

3.学习第二次世界大战后资本主义国家在干预经济和社会生活方面的主要举措及变化，认识国家垄断资本主义的曲折历程及发展趋势。

第十九课　资本主义国家的新变化

思政教育目标：

1.通过对资本主义弊端的分析，理解只有社会主义社会才能实现人的充分发展。

2.客观辨析战后资本主义的成就与问题，培养居安思危的意识。

核心素养目标：

1.了解国家垄断资本主义、福利国家、第三产业、新经济的内涵与特点，分析当代资本主义的新变化。

2.学习西方资本主义的经济发展的运行方式、发展方式，体会其中政策出台的时代背景。

3.理解国家垄断资本主义、福利国家、第三产业、新经济出现的原因，探析其内在的逻辑关系。

第二十课 社会主义国家的发展与变化

思政教育目标：

1.了解苏联的改革与苏联解体、东欧的改革和东欧剧变、中国社会主义发展的成就，认识二战后苏联改革的成就与问题，改革的最终失败与苏联解体的情况，吸取其中的经验教训，为如何建设社会主义提供借鉴。

2.通过了解第二次世界大战后社会主义的变化，认识其发展中的成就与问题。

核心素养目标：

1.通过梳理第二次世界大战后亚非拉民族独立运动的史实，认识世界殖民体系崩溃的基本过程。

2.学习社会主义阵营国家发展与变化，结合史料概括亚非拉民族独立和发展中国家发展的史实，认识发展中国家发展的成就和面临的挑战。

第二十一课　世界殖民体系的瓦解与新兴国家的发展

思政教育目标：

1.了解二战后亚非拉不同国家独立的史实，理解殖民体系必然走向瓦解的趋势。

2.了解亚非拉发展中国家现代化建设取得的重大成就，理解其经济发展不平衡的特征。

核心素养目标：

1.通过了解第二次世界大战后资本主义、社会主义与第三世界国家的变化，认识其发展中的成就与问题。

2.了解发展中国家面临的问题，认识其面临的区域性与共性特征以及解决问题的艰巨性。

第九单元　当代世界发展的特点与主要趋势

教育目标

1.理解当今世界处于大发展大变革大调整时期，学习当今世界各国发展状况。

2.了解冷战结束后世界的发展特点以及出现的全球性问题，认识人类社会面临的机遇与挑战。

3.理解和平、发展、合作、共赢的时代潮流，牢固树立构建人类命运共同体的意识，共同促进全球的和平与发展。

第二十二课 世界多极化与经济全球化

思政教育目标：

1.通过学习认识当今世界政治格局演变的必然趋势及原因，培养使用历史唯物主义和辩证唯物主义分析历史问题的能力。

2.通过学习了解文化多样性的基本特征，树立全球意识、责任意识、信息安全意识，尊重文化的多样性。

核心素养目标：

1.认识世界多极化与经济全球化所处的特定时空环境，抓住其特定时空背景和阶段特征。

2.了解世界多极化趋势加强的表现与经济全球化的发展历程，分析经济全球化对不同国家的重大影响及不同国家的应对策略，培养有效解读材料、自主分析归纳知识的能力。

第二十三课　和平发展合作共赢的时代潮流

思政教育目标：

1.了解和平与发展的时代主题出现的背景以及所面临的问题，理解和平与发展的关系，认识合作共赢、构建人类命运共同体的重要性。

2.思考在世界相互依存日益紧密的时代，将采取怎样的措施来解决人类面临的共同挑战，从而牢固树立共同担当、同舟共济，构建人类命运共同体的意识。

核心素养目标：

1.通过引入大量的报纸杂志内容及时政热点进行分析，了解当今世界发展的主要趋势和主要表现。

2.理解和平、发展、合作、共赢成为时代潮流，分析各国为此所做的努力。

活动课 放眼世界，推动构建人类命运共同体

教育目标

1.通过学习相关史料，理解人类和平的来之不易，强化自身的和平意识。

2.通过对世界各国对外政策和我国对外政策的对比分析，认识构建人类命运共同体的必要性。

3.学习和平与发展的时代主题所蕴含的深层意义，体悟当今世界环境下存在的隐患和机遇。

选修性必修1·国家制度与社会治理

第一单元　政治制度

教育目标

1.通过本单元的学习，了解中国古代政治制度的发展演变，掌握不同阶段的特征。

2.掌握宰相制度和地方行政层级管理的变化，认识自秦起中央集权政治制度的演变脉络。

3.了解古代至近代，古代西方政治制度各主要类型的产生和演变过程，以及共和制在中国建立的曲折过程，理解中国政治发展道路的独特性。

第一课　中国古代政治制度的形成与发展

思政教育目标：

1.了解先秦、秦朝、两汉至明清时期的政治制度，厘清演变过程，辩证分析它们在今天社会的适用性和价值。

2.理解不同历史时期的政治制度，吸收其在当下积极向上的内容。

核心素养目标：

1.了解廷议、朝议、集议的基本形成，进一步认识中国古代中央集权下中央决策的方式。

2.思考中国古代自秦代以后坚持实行以郡县制为主体的地方行政制度的原因，分析其历史作用。

第二课　西方国家古代和近代政治制度的演变

思政教育目标：

1.世界各国政治制度都经历了漫长曲折的发展过程，掌握君主制、贵族制、民主共和制等几种主要形式。

2.经济基础决定上层建筑，各国国情不同，因而各国政治制度都有其独特性，都是在这个国家历史传承、文化传统、经济社会发展的基础上长期演变的结果。

核心素养目标：

1.掌握古希腊罗马的政治制度，思考雅典、斯巴达和罗马共和国的政治制度的异同点。

2.认识中古西欧的封建制度、《大宪章》对王权限制的具体体现。

3.了解西方资本主义政治制度的产生和发展，分析英、法、美的政治制度及其特点。

第三课 中国近代至当代政治制度的演变

思政教育目标：

1.梳理中国近代至当代政治制度的演变，体会中国特色社会主义制度的强大生命力和巨大优越性。

2.培养学生树立为实现中华民族伟大复兴、实现"两个一百年"奋斗目标的伟大理想。

核心素养目标：

1.通过了解中国共产党在根据地和解放区的制度探索，培养集体荣誉感；中华人民共和国的政治制度有根本政治制度和基本政治制度；中国特色社会主义制度的最大优势是中国共产党。

2.培养分析能力和理性思考能力，分析北洋政府时期实行政党政治失败的原因。

第四课　中国历代变法和改革

思政教育目标：

1.探究戊戌维新运动失败的原因，认识改良和改革的不同之处。

2.认识改革家具有的良好精神品质，积极应用到学习生活中。

3.通过对中国成功改革的学习，提升学生的爱国主义情怀，明确"求新""求变"是中国的历史传统。

核心素养目标：

1.培养辩证看待问题的能力，正确看待改革过程中的曲折和艰辛。

2.通过学习重要改革内容，分析改革的时代背景，归纳出改革的共性原因。

第二单元　官员的选拔与管理

教育目标

1.通过本单元的学习，了解中国古代官员选拔方式的更迭过程，掌握不同阶段的特征。

2.掌握中央集权体制下古代中国的官员考核和监察制度、西方近代文官制度以及近现代中国公务员制度。

第五课　中国古代官员的选拔与管理

思政教育目标：

1.官员的选拔与管理是国家制度的重要组成部分，也是社会治理的必要前提，通过了解中国古代官员的选拔和管理制度，辩证分析其适用性和价值，理解不同历史时期对于官员素养的要求。

2.了解中国古代官员选拔方式的更迭过程和不同阶段的特征，掌握中央集权体制下古代中国的官员考核和监察制度。

核心素养目标：

1.鼓励学生严格要求自己，培养良好的道德素养。

2.培养辩证分析问题的能力，掌握中国古代在官员选拔和管理上的不足之处。

3.了解中国古代刺史等监察制度，认识古代监察制随中央集权制的加强而日趋严密。

第六课　西方的文官制度

思政教育目标：

1.近代西方资本主义国家探索和建立起的文官制度，是为了规避政党更替造成的政府工作动荡。

2.培养学生认识政治与管理的区分；应主动维护政府工作的稳定性和持续性。

核心素养目标：

1.培养分析能力，分析文官制度首先出现在英国的原因。

2.培养逻辑思维能力，思考文官制度对资本主义国家的发展的作用。

第七课　近代以来中国的官员选拔与管理

思政教育目标：

1.通过学习晚清选官制度的变革，了解其对读书人产生的冲击。

2.民国时期以考试方式选拔官员，国民政府正式确立了公务员制度。

核心素养目标：

1.培养理性思考的能力，探讨中国公务员制度与西方文官制度的区别。

2.培养分析能力和独立思考能力，分析在干部人事制度改革中建立国家公务员制度的原因。

第三单元　法律与教化

教育目标

　　1.通过本单元的学习，知道中国先秦时期成文法的产生过程以及这一时期思想家对于德治、法治关系的讨论。掌握自西汉起历代王朝法律、礼教并用的统治手段。

　　2.了解近代西方法律制度的渊源和基本特征，知道宗教伦理在西方社会发展进程中的作用。了解当代中国的法治建设和精神文明建设成就。

第八课　中国古代的法治与教化

思政教育目标：

1.法律是统治阶级意志的体现，是国家的统治工具，着眼于防范与惩处；教化是社会治理的重要工具，着眼于教育和引导。两者相辅相成，礼法结合是中华法系的重要特点，我们要正确看待法律与教化之间的关系。

2.中国古代法律最早成文于春秋时期，确立于秦，成熟于隋唐，形成的过程虽曲折但总体方向是前进的。

核心素养目标：

1.培养辩证看待问题的能力，正确看待儒家的德治思想和法家的法治思想。

2.培养分析能力，礼法结合，中华礼法系统臻于完善，思考儒家思想如何作为主流形态脱颖而出。

第九课　近代西方的法律与教化

思政教育目标：

1.基于罗马法，英、法分别发展了英美法系和大陆法系。基本特征是强调立法、司法独立，保障个人权利，个人权利不容侵犯。

2.个人利益与集体利益、国家利益是一致的；应主动维护集体利益和国家利益，实现利益的最大化。西方法律制度过于强调保护私有财产，为资产阶级利益服务；对个人权利的认定也须逐渐改进。

核心素养目标：

1.基督教的宗教伦理在强调迷信的同时，客观上也有利于社会大众的教化，要学会一分为二地看待问题。

2.通过多材料呈现，对基督教和新教的宗教伦理与教化进行评价，培养学生辩证分析历史问题的能力。

第十课　当代中国的法治与精神文明建设

思政教育目标：

1.社会主义法治是社会主义国家实施的体现广大人民意志的法律制度。我国法治建设的显著成就如下：形成中国特色社会主义法律体系，全面推进依法治国；社会主义精神文明建设取得新成就，形成了社会主义核心价值观。要在实际学习生活中努力践行社会主义核心价值观，不断提高精神文明素养。

2.了解中国法治建设的进程，认识全面依法治国是国家治理的一场深刻革命。

3.了解社会主义精神文明建设的主要成就和主要特征，认识社会主义精神文明是现代化建设的重要目标和重要保证。

核心素养目标：

1.培养以爱国主义为核心的民族精神和以改革创新为核心的时代精神。

2.遵纪守法，认真学习宪法，积极参加爱国主义教育和公民道德建设活动。

第四单元　民族关系与国家关系

教育目标

1.通过本单元的学习，了解中国古代的民族政策和边疆管理制度，认识中国作为统一多民族国家的发展历程，以及中国古代处理对外关系的体制。

2.掌握近代西方民族国家的形成情况以及国际法的发展。了解当代中国解决民族问题的道路以及独立自主的和平外交政策的主要成就。

第十一课　中国古代的民族关系与对外交往

思政教育目标：

1.各民族迁徙汇聚，交流互补，冲突交融，有和睦相处，也有矛盾冲突，但归根结底，民族交往交流交融是主流。

2.中国作为一个统一的多民族国家，发展离不开各民族的交流交融以及共同发展。

3.梳理中国古代历朝负责民族问题的中央及地方机构、民族政策，认识统一多民族国家形成的原因及借鉴作用。

核心素养目标：

1.正确看待不同民族之间的交往、交流、交融，不同民族之间平等相处，和谐统一。了解中国古代的民族政策和边疆管理制度，认识中国作为统一多民族国家的发展历程以及中国古代处理对外关系的体制。

2.整理元、明、清时期统一多民族国家的重建与巩固、发展的措施。整理汉朝以来对外交通的发展，认识海陆丝绸之路在对外关系中的基础作用。

3.比较唐朝与明清时期对外交往的异同，认识对外政策与国家兴衰的关系。

第十二课　近代西方民族国家与国际法的发展

思政教育目标：

1.国际法的发展对于世界历史的影响至关重要，了解其发展概况，辩证认识现代国际法的作用。

2.外交制度的建立进一步促进了国际法的发展，并对维护建立国际关系提供了保障。

3.梳理西欧王权加强推动民族国家形成的史实。

核心素养目标：

1.掌握了解近代西方民族国家的产生，国际法的形成与外交制度的建立，20世纪国际法的发展。

2.探究《至尊法案》、路易十四的专制统治、法国大革命及拿破仑战争等事件对西欧民族意识形成的影响。

3.了解《战争与和平法》《威斯特伐利亚条约》以及维也纳体系等历史概念。分析国际法与近代外交之间的关系。

第十三课 当代中国的民族政策

思政教育目标：

1.中国共产党运用马克思主义解决中国民族问题，我们要始终坚持民族平等，实现各民族共同当家作主，建立和巩固社会主义民族关系，促进各民族团结进步和共同繁荣发展。

2.树立整体意识、大局意识，处理好民族问题、做好民族工作，是关系国家统一、民族团结和社会稳定的大事，是关系国家长治久安和中华民族繁荣昌盛的大事。

核心素养目标：

1.铸牢中华民族共同体意识，持续增进民族团结进步事业思想共识。

2.坚决做到"两个维护"，始终保持民族团结进步事业正确政治方向。

3.梳理民族区域自治制度的法律依据及其建立与发展的过程，认识民族区域自治制度建立的历史意义。

第十四课　当代中国的外交

思政教育目标：

1.我国奉行独立自主的和平外交政策，积极维护国际公平正义，反对干涉别国内政，反对以强凌弱。

2.和平发展与坚定维护国家利益之间存在紧密联系。

核心素养目标：

1."和平共处五项原则"是我国外交政策的基本准则；独立自主是我国外交的基本立场；维护我国的主权，安全和发展利益，促进世界的和平与发展是我国外交的基本目标。

2.我国积极参与国际事务，提倡独立自主的和平外交。

第五单元　货币与赋税制度

教育目标

1.掌握了解中国历史上的货币发行、使用情况和现代世界货币体系的形成。

2.通过本单元的学习，了解中国赋税制度的演变以及关税以及个人所得税制度在中国的产生和实行过程。

第十五课　货币的使用与世界货币体系的形成

思政教育目标：

1.梳理货币的演进过程，正确看待它在经济发展历程中的作用。

2.在资本主义世界市场的发展下，世界货币体系逐渐形成并不断完善，务必重视它的影响。

核心素养目标：

1.商品交换到一定程度，货币应运而生。了解掌握我国人民币发行原则。

2.正确看待二战后形成的世界货币体系，它在促进世界经济的稳定和发展的同时，也强化了美国的经济霸权。

第十六课　中国赋税制度的演变

思政教育目标：

1.了解历代赋役的种类，梳理赋役征收逐渐转向土地和财产征收，人头税逐渐废除的过程，体悟封建时代劳动人民的艰辛。

2.中国一直享有完全的关税自主权，但在近代经历了丧失和收回的曲折历程。了解近代关税从国内关税与国境关税并立到废除国内关税、从自主到丧失再到收回的历程，认识关税自主的意义。

核心素养目标：

1.掌握了解近现代中国三大最具代表性的税收制度：赋役制度，关税和个人所得税制度。

2.新中国实行了有利于国家发展的关税制度和个人所得税制度。了解新中国关税制度的法治化的进程，认识关税对于国家发展的重要意义。

3.了解中国近现代个人所得税的发展演变过程，认识个人税的积极作用。

第六单元　基层治理与社会保障

教育目标

1.通过本单元的学习，掌握中国古代以赋役征发为首要目的的户籍制度，以及有代表性的基层管理组织。知道课本中出现的中国古代王朝在社会救济和优抚方面采取的重要措施。

2.通过学习，知道西方主要国家基层治理的特点及其由来。掌握了解现代社会保障制度的产生及实行情况。

第十七课　中国古代的户籍制度与社会治理

思政教育目标:

1.了解历代户籍制度演变,历代基层组织形态与基层社会治理,分析户籍制度改革的原因,辩证分析他们在今天社会的适用性和价值;理解不同时代的思想需要,吸收其在当下积极向上的内容。

2.掌握中国古代社会救济与优抚政策的基本史实,中国古代的社会保障主要由政府主导、社会参与。了解社会救济与优抚产生的原因及作用,结合具体措施,认识社会救济与优抚的特点。

核心素养目标:

1.对下层贫苦无依无靠的人民进行救济是仁政之始,培养忧患意识。

2.培养独立思考能力,查阅古代族规家训及相关研究著作,深入了解宗族在古代基层社会治理中的作用。

3.了解乡里制、里甲制等历代基层组织形态,了解什伍组织、领保制度等基层社会治理举措,分析其演变趋势及特点。

第十八课　世界主要国家的基层治理与社会保障

思政教育目标：

1.基层自治和社区自治是西方国家基层治理的发展趋势和主要特点。中古时期，基层治理以庄园和城市为中心，近代以来一直强调自治，现代发达国家基本构建起了完善的社会保障体系。

2.通过学习，知道西方主要国家基层治理的特点及其由来，了解现代社会保障制度的产生及其实行制度。

核心素养目标：

1.北欧国家的社会保障制度并不意味着懒惰，我们要辩证地看待这一问题。合理分析社区自治和政府管理程度的差别，保障社会的稳定发展离不开以上两个方面的努力。

2.了解古希腊村社的自治特点，了解西欧封建社会庄园、城市、基督教会在基层治理中的作用。

3.概述近现代英、美、法等欧美国家自治制度确立与发展的过程，认识社区组织出现的原因及地方治理演变的趋势。

德融课堂 大思政视域下的
学科德育创新建构

第一单元　食物生产与社会生活

教育目标

　　1.了解人类从食物采集者转变为食物生产者的过程及意义。知道古代不同地区食物生产的特点及其对社会生活的影响。

　　2.了解新航路开辟后各大洲之间的食物物种交流及其对人类历史的影响。

　　3.了解农业现代化的过程，感受人类在食物生产、储备等方面的进步，认识消除饥饿和食品安全对于人类社会发展的重大意义。

第一课　从食物采集到食物生产

思政教育目标：

1.简述人类由食物采集者向生产者演变的过程和历史意义，认识到这是人类社会一次革命性的变化，是人类走向农业文明的重要环节。

2.概述男女地位的变化、私有制的出现、阶级与国家的出现过程。

3.简述两河流域、尼罗河流域、古代中国、古代希腊和古代美洲地区的食物生产，并分析其对各自社会生活的影响。

核心素养目标：

1.掌握人类由食物采集者向食物生产者演变的过程及意义。

2.了解古代不同的食物生产及其对社会生活的影响。

第二课　新航路开辟后的食物物种交流

思政教育目标：

1.分析物种交流对世界各地人口、饮食、经贸、环境等方面的影响，培养整体历史观。

2.概述美洲物种在欧洲和中国的传播，以及其他地区农作物和畜禽等在美洲传播情况，认识新航路开辟对物种传播的影响。

核心素养目标：

1.了解新航路开辟后各大洲之间的食物物种交流及其对人类历史的影响。

2.学会阅读、理解史料，概述美洲物种在欧洲和中国的传播，以及其他地区农作物和畜禽等在美洲传播情况，认识新航路开辟对物种传播的影响。

第三课 现代食物的生产、储备与食品安全

思政教育目标：

1.了解现代农业、渔业发展过程中，人类在食物生产、储备等方面的进步，认识消除饥饿和食品安全在人类历史上的重大意义。

2.说明世界饥饿问题出现的原因，概述联合国、中国等为消除饥饿所做的努力。

核心素养目标：

1.概述传统农业向现代农业转变的历程及表现，理解科技革命对农业现代化的影响。

2.学会自主思考，简述20世纪以来低温、低氧等储藏技术、冷冻食品工业与冷链物流产业的发展，抓住关键，并分析其意义。

第二单元　生产工具与劳作方式

教育目标

1.了解劳动在社会生产中的作用，以及历史上劳动工具和主要劳作方式的变化。

2.认识大机器生产、工厂制度、人工智能技术等对人类劳作方式及生活方式的影响。

3.通过学习，理解劳动人民对历史的推动作用，生产方式的变革给人类社会带来的革命性意义。

第四课　古代的生产工具与劳作

思政教育目标：

1.厘清生产工具和劳作方式变化的时间线索以及具体的变化情况，将具体变化与时代特点相结合理解，形成历史意识和整体历史观。

2.通过对古代生产工具和劳作方式的变化的学习，明白科学技术进步的重要性。

核心素养目标：

1.了解人类古代劳动工具和主要劳作方式的变化，学会自主学习和总结归纳，整理古代社会农具材质和灌溉工具的演变，归纳古代手工业主要生产部门工具的演变，认识人类社会的进步。

2.掌握理解"刀耕火种""铁犁牛耕""男耕女织"等名词的含义，学会举一反三，开拓历史思维。

第五课　工业革命与工厂制度

思政教育目标：

1.理解劳动人民对历史的推动作用，生产方式的变革对人类社会发展所具有的革命性意义。

2.从城市化、出行、乡村变化、时间观念、教育等方面，了解工业革命对生活方式的积极影响和消极影响。

核心素养目标：

1.认识大机器生产、工厂制度等对人们劳作方式及生活方式的影响。

2.明确工厂制度确立的原因，概述特点并分析其确立的影响。

3.掌握中国工厂制度确立的过程。

第六课　现代科技进步与人类社会发展

思政教育目标：

1.认识人工智能技术等对人类劳作方式及生活方式的影响。

2.理解劳动人民对历史的推动作用，以及生产方式的变革对人类社会发展所具有的革命性意义。

核心素养目标：

1.了解现代科技进步的背景、成就、特点。

2.认识现代科技进步对生产、生活及社会发展的影响。

第三单元 商业贸易与日常生活

教育目标

1.了解商业贸易的起源和古代商贸活动与贸易通道。知道货币、信贷、商业契约等在日常生活中的角色。

2.了解世界市场的形成，认识其对商业贸易的意义。认识20世纪以来贸易、金融的变化及其对人类生活的影响。

第七课　古代的商业贸易

思政教育目标：

1.了解商业贸易的起源，梳理从商朝至明清时期，中国贸易发展的阶级特征。

2.简述古代丝绸之路的贸易状况。概述唐宋以来，中国海上贸易的发展，分析商贸发展对中国及世界的影响。

核心素养目标：

1.概述货币的起源与发展，分析货币出现的影响。

2.了解古代西方与中国信贷、商业契约发展的相关史实，梳理史料，归纳中国古代金融业发展的特点。

第八课　世界市场与商业贸易

思政教育目标：

1.了解鸦片战争后，新的商业经营形式被引入中国的情况。

2.认识世界市场的形成对商业贸易的意义。

核心素养目标：

1.概述世界市场的初步形成、扩大与最终形成的过程。

2.从欧洲贸易中心的转变、商业经营方式的变化、新型股份制贸易公司的建立、新的商品的出现、国际贸易格局的变化等方面说明近代商业贸易的变化。

第九课　20世纪以来人类的经济生活

思政教育目标:

1.认识20世纪以来,贸易、金融的变化对人类生活的影响。

2.简述中国经济改革的成就,肯定中国在世界经济发展中的重要作用。

核心素养目标:

1.分析第一次世界大战后,苏联和资本主义国家国际发展手段的变化的原因所在。培养分析能力和独立思考能力,概述第二次世界大战后资本主义国家的经济政策,了解现代技术进步与全球化对其带来的影响。

2.了解《关税与贸易总协定》、布雷顿森林体系的形成、国际货币基金组织和世界银行的成立与业务,认识第二次世界大战后国际贸易与金融的发展。

第四单元　村落、城镇与居住环境

教育目标

1.通过学习，知道人类居住条件的变迁及各地民居的差异和特征。掌握古代村落、集镇和城市形成的原因及影响。

2.了解近代以来城市化进程中人们居住条件和生活环境的改善及问题。

第十课　古代的村落、集镇和城市

思政教育目标：

1.了解人类居住条件的变迁及各地居民的差异及其特征，感悟古代经济发展对人类社会生活的巨大影响。

2.通过展示文字材料以及图片等相关材料，比较加深学生对城市的发展和职能、格局变化的理解，并认识商业的发展与城市的繁荣之间的密切关系。

核心素养目标：

1.归纳村落的特点，培养学生从史料出发、史论结合的史学素养和分析问题的能力。

2.了解古代的村落、集镇和城市形成的原因及影响，引导学生研读不同类型的史料，提高学生提取有效历史信息的能力。

第十一课　近代以来的城市化进程

思政教育目标：

1.认识近代以来的城市化进程主要特点、发展和存在的问题，结合本地和本校实际围绕课题组织学生开展有意义的社会实践活动，有利于培养学生的责任意识和家国情怀。

2.本课立足于唯物史观和全球史视野，有助于引导学生立足于当今社会，结合实际，探讨和提出解决相关问题的方案，有助于培养学生的人文关怀、责任意识和人类命运共同体意识。

核心素养目标：

1.选取运用中外历史有关城市化发展的典型史料，引导学生进行史料探究学习，通过史料实证和史料阐释，培养学生的历史关键性思维能力和唯物史观的核心素养。

2.运用历史比较分析方法，找出中外城市化进程的共性和差距，分析其原因，探讨解决问题的方案和思路，培养学生的历史比较思维能力、全球史视野和关心人与社会发展的责任意识和家国情怀等历史核心素养。

第五单元　交通与社会变迁

教育目标

1.了解古代水陆交通建设及主要交通工具。认识新航路开辟和工业革命等对促进交通进步的作用。

2.通过学习，认识20世纪交通运输的新变化对民众生活及社会变迁的重要意义。

第十二课　水陆交通的变迁

思政教育目标：

1.掌握古代的水陆交通建设及主要交通工具。

2.了解新航路开辟，认识新航路开辟和工业革命对促进交通发展的作用。

核心素养目标：

1.了解工业革命对交通工具的影响；了解近代中国铁路、航运建设；理解交通改进的影响。

2.了解古罗马、古代中国人工道路的建设；了解我国的灵渠、隋朝和元朝的大运河、法国的米迪运河、荷兰阿姆斯特丹运河系统情况。

3.了解我国古代海上丝绸之路及郑和下西洋的概况。

第十三课　现代交通运输的新变化

思政教育目标：

1.运用史料分析，认识20世纪交通运输的新变化对民众生活及社会变迁的意义，了解新中国特别是改革开放以来我国交通运输的巨大成就，激发学生对新中国取得伟大成就的自豪感。

2.通过分析现代交通新变化及其对社会生活影响，提高学生对社会变化的解释水平，增强学生承担社会责任的动力与信心。

核心素养目标：

1.了解20世纪交通运输的新变化，理解变化的特点、原因。认识20世纪交通运输的新变化对民众生活及社会变迁的意义。

2.阅读史料，分析新中国特别是改革开放以来取得的交通运输巨大成就的原因条件。

第六单元 医疗与公共卫生

教育目标

1.通过本单元的学习，了解古代疫病的流行及其影响。

2.了解中医药的主要成就与西医在中国的传播、发展过程。了解现代医疗卫生体系的建立、发展及其对社会生活的影响。

第十四课　历史上的疫病与医学成就

思政教育目标：

1.掌握古代历史上疫病的流行与影响，归纳人类早期防治疫病的经验，体会人类的智慧和勇气，培养家国情怀。

2.了解中医药的主要成就和西医在中国的传播、发展过程，抓住其特定时空背景和阶段特征。

核心素养目标：

1.了解中医药的主要成就及其取得成就的原因；梳理西医在中国的传播情况，培养有效解读材料、自主分析归纳知识的能力。

2.探究历史上疫病流行状况，通过历史图片和历史资料提出问题，提高学生探究分析历史问题的能力。

第十五课　现代医疗卫生体系与社会生活

思政教育目标：

1.了解现代医疗卫生体系的建立、发展及其对社会生活的影响。

2.通过我国现代医疗卫生体系的建立和完善，使学生认识到祖国的强大和人民生活的福祉离不开中国共产党的领导。

核心素养目标：

1.了解现代医疗卫生体系和欧美现代医疗保障制度的内容及发展状况。

2.梳理新中国现代医疗卫生体系和社会医疗保障制度的发展脉络，认识现代医疗卫生对社会生活的影响。

第一单元　源远流长的中华文化

教育目标

1.通过本单元的学习，了解中华优秀传统文化的内涵。

2.从人类文明发展和世界文化交流的角度认识中华优秀传统文化的特点和价值，认识中华文化的世界意义。

第一课　中华优秀传统文化的内涵与特点

思政教育目标：

1.理解中华优秀传统文化的内涵，提升民族自豪感，增强家国情怀。

2.体会中华优秀传统文化的价值，辩证看待中华文化，继承发展优秀文化，培养学生用唯物史观去看待传统文化。

核心素养目标：

1.梳理中华文化的起源、形成与发展的过程，从唯物史观的视角认识特定历史时期经济、政治与文化发展的关系。

2.了解中华优秀传统文化的内涵，从人类文明发展的角度，认识中华优秀传统文化的特点和价值。

第二课　中华文化的世界意义

思政教育目标：

1.概述中华文化对朝鲜半岛、日本列岛、东南亚、中亚、西亚及欧洲的影响，解释中华文化的世界影响力，提升民族自豪感，培育家国情怀。

2.通过史料分析，了解佛教能够与中华传统文化融合发展的原因，使学生理解中华文化强大的生命力和为世界文化发展作出的突出贡献。

核心素养目标：

1.从世界文化交流的角度，认识中华文化的世界意义。

2.提取多样化史料蕴含的历史信息，实证佛教入华、西学入华、马克思主义传播等史实，了解中华文化在交流中发展的进程，增进史料实证素养。

第二单元 丰富多样的世界文化

教育目标

1.通过本单元的学习，了解世界文化的多样性。

2.认识世界各国、各地区、各民族人民共同推动了人类文化的发展。

第三课　古代西亚、非洲文化

思政教育目标：

1.通过了解世界主要区域文化，理解世界文化的多样性。

2.认识世界各国、各地区、各民族对人类文化发展所作出的贡献。

核心素养目标：

1.了解古代西亚、埃及及阿拉伯文明的历史分期及其空间环境，增强历史时空观念。

2.阅读原始文献的摘录，实证古代西亚、埃及及阿拉伯在文学、建筑、艺术、法律等方面的成就，增进史料实证素养。

3.围绕古代西亚、埃及及阿拉伯文化的成果，概括分析上述文化的特点，认识它们对人类文化发展所做出的贡献，增进历史解释素养。

第四课　欧洲文化的形成

思政教育目标：

1.通过了解世界主要区域文化，理解世界文化的多样性。

2.认识世界各国、各地区、各民族对人类文化发展所作出的贡献。

核心素养目标：

1.掌握古希腊、罗马、中古西欧、拜占庭、俄罗斯的历史分期及其空间环境，增强历史时空观念。

2.阅读原始文献的摘录，实证古希腊、罗马、中古西欧、拜占庭、俄罗斯在文学、建筑、艺术、法律等方面的成就，增进史料实证素养。

3.围绕古希腊、罗马、中古西欧、拜占庭、俄罗斯文化的成果，概括分析上述文化的特点，认识到它们对人类文化发展所做出的贡献，增进历史解释素养。

第五课　南亚、东亚与美洲的文化

思政教育目标：

1.通过了解世界主要区域文化，理解世界文化的多样性。

2.认识世界各国、各地区、各民族对人类文化发展所作出的贡献。

核心素养目标：

1.掌握古代印度、朝鲜、日本、美洲印第安的历史分期及其空间环境，增强历史时空观念。

2.阅读原始文献的摘录，实证古代印度、朝鲜、日本、美洲印第安在文学、建筑、艺术、法律等方面的成就，增进史料实证素养。

3.围绕古代印度、朝鲜、日本、美洲印第安文化的成果，概括分析上述文化的特点，认识它们对人类文化发展所做出的贡献，增进历史解释素养。

第三单元　人口迁徙、文化交流与认同

教育目标

1.通过本单元的学习，了解各个世界阶段世界各地区不同规模和类型的人口迁徙。

2.掌握了解人口迁徙对人类文化变迁的影响，以及人口迁徙和移民社会中出现的文化认同问题。

第六课 古代人类的迁徙和区域文化的形成

思政教育目标：

1.通过了解历史上跨洲、跨国家、跨地区不同规模的人口迁徙，以及移民所面临的机遇与挑战，认识在迁徙与融入当地社会过程中出现的文化认同。

2.认识古代人类的迁徙和区域文化的形成所处的特定时空环境，抓住其特定时空背景和阶段特征。

核心素养目标：

1.利用历史地图，了解印欧人早期迁徙的时间、路径，通过各地印欧人迁徙留下的史料，实证印欧人文化的特点，解释印欧人早期对区域文化形成的作用。

2.亚欧游牧民族大迁徙分中国北方与欧洲两个区域，利用各类文物图片等资料，实证迁徙的时间、路径，解释亚欧游牧民族大迁徙对政治版图、区域文化发展的影响。

第七课　近代殖民活动和人口的跨地域转移

思政教育目标：

1.通过了解历史上跨洲、跨国家、跨地区不同规模的人口迁徙，以及移民面临的机遇与挑战，认识在迁徙与融入当地社会过程中出现的文化认同。

2.在世界历史的时空背景下，了解华工出洋的历史背景，利用照片、食品等史料实证华工对美洲、大洋洲开发的贡献，体会华工的家国情怀。

核心素养目标：

1.利用数据表史料，实证殖民扩张影响美洲族群变化的表现，解释美洲族群变化存在区域差异的原因。

2.利用大事年表，梳理英国殖民大洋洲的过程，概括大洋洲殖民化的特点，解释19世纪以来大洋洲族群快速变化的原因。

第八课　现代社会的移民和多元文化

思政教育目标：

1.通过了解历史上跨洲、跨国家、跨地区不同规模的人口迁徙，以及移民所面临的机遇与挑战，认识在迁徙与融入当地社会过程中出现的文化认同，使得学生对历史与现实有全面、正确的认识，形成实事求是的科学态度，增强学生的世界意识，拓宽国际视野。

2.通过学习，使学生了解中国和世界的发展大势，增强历史意识，汲取历史智慧，开阔视野，增强历史洞察力和历史使命感。

核心素养目标：

1.梳理第二次世界大战后劳动力的全球流动过程，指出劳动力全球流动的空间特点，并解释其成因。

2.根据图文史料，实证难民的分类，解释其形成的原因。概述难民来源的变化及国际社会在保护难民基本人权方面的努力，增强人类命运共同体意识。

3.了解代表性的多元移民社会，解释移民社会中的文化认同问题。

第四单元　商路、贸易与文化交流

教育目标

1.了解课本中出现的不同时代、不同类型的商路。

2.通过学习，深入了解贸易活动在文化交流中扮演的重要角色。

第九课　古代的商路、贸易与文化交流

思政教育目标：

1.了解不同时代、不同类型商路的开辟情况。

2.通过了解商品所体现的特色文化，理解贸易活动在文化交流中所扮演的重要角色。

核心素养目标：

1.了解张骞通西域的基本史实，利用地图及文献史料，实证不同时期丝绸之路的空间特征。

2.了解欧亚大陆其他东西交通线，如"草原丝绸之路""西南绸之路""海上丝绸之路"的基本概况，综合中国经济格局、政权等变动，解释欧亚大陆其他东西交通线路变动的原因。

第十课　近代以来的世界贸易与文化交流的扩展

思政教育目标：

1.知道全球贸易网形成的过程，了解茶叶、服饰、钟表等中外交流的史实。

2.认识商品在贸易过程中起到的文化交流功能。

核心素养目标：

1.了解近代以来全球贸易网发展的阶段特征，解释上述特征形成的原因。

2.利用图文史料实证茶、服饰、钟表等商品的世界性流动，解释其与文化交流国际化的关系，从唯物史观的视角，认识经济与文化发展的辩证关系。

第五单元 战争与文化交锋

教育目标

1.通过学习，了解历史上的重大战争对人类文化的破坏以及战争带来的不同文化的交锋。

2.认识到战争在客观上为不同文化的碰撞、交流与重构提供了契机。

第十一课　古代战争与地域文化的演变

思政教育目标：

1.通过了解历史上的著名战争，理解战争对人类文化的破坏，所造成的文化断裂。

2.认识战争在客观上为不同文化的碰撞提供了契机。

核心素养目标：

1.了解亚历山大远征、希腊化世界和希腊化时代之间的联系，用多样化的史料实证希腊化时代的社会风貌，结合必修古典希腊部分的知识，用比较分析法解释古典希腊与希腊化时代文化的差异。

2.了解蒙古西征的背景，利用历史地图梳理其过程，结合史实分析其对东西方文化交流的影响。

第十二课　近代战争与西方文化的扩张

思政教育目标：

1.了解历史上的重大战争对人类文化的破坏，以及战争带来的不同文化的交锋。

2.认识战争在客观上为不同文化的碰撞、交流与重构提供了契机。

核心素养目标：

1.利用图文史料，实证独立战争前美利坚民族的发展概况，辩证分析独立战争对美利坚文化形成的作用。从语言、族群等方面实证拉丁美洲文化的多元特征，解释拉美独立战争对政治文化的影响。

2.解释拿破仑战争对欧洲的影响，对十二月党人起义、波兰民族起义、德意志的改革与革命进行分析。

3.以印度、中国、埃及为例，解释欧洲殖民者文化侵略的客观影响，了解认识欧洲殖民者文化侵略的总体特征。

第十三课　现代战争与不同文化的碰撞和交流

思政教育目标：

1.通过一战前后欧洲历史地图的比较，让学生直观感受欧洲出现的新国家和空间分布，进而引导学生理解一战与民族民主意识觉醒的内在逻辑关系。

2.通过史料研读，使学生感受到二战进一步激发了世界各地的民族民主意识，明确提出支持殖民地、半殖民地的民族自觉要求，最终推动了世界殖民体系的瓦解。

核心素养目标：

1.梳理第一次世界大战后亚非拉国家民族民主意识觉醒的相关史实，解释第一次世界大战与民族民主意识觉醒的关系，认识当时民族民主意识觉醒的影响。

2.梳理第二次世界大战期间及战后亚非拉国家解放运动的相关史实，了解世界殖民体系瓦解的过程，解释第二次世界大战与世界殖民体系瓦解的关系。

3.以印度、新加坡、韩国、埃及为例，实证新兴民族国家文化复兴的特点。

第六单元　文化的传承与保护

教育目标

1.通过学习，了解历史上学校教育、留学、书刊出版、翻译事业以及图书馆、博物馆在文化传承与传播中的作用。

2.掌握文化遗产保护对保持文化的传承、维护世界文化多样性和创造性具有的重要意义。

第十四课　文化传承的多种载体及其发展

思政教育目标：

1.了解历史上学校教育、留学、书刊出版、翻译事业以及图书馆、博物馆在文化传承与传播中的作用。

2.认识文化的传承与保护对维护世界文化的多样性和创造性方面具有重要意义，明确文化自信是文化传承的保证。

核心素养目标：

1.梳理古代、近现代中外学校教育发展的史实，解释学校教育与社会变动的关系。利用多样化的史料、实证书籍出现与生产的相关史实，揭示印刷术诞生的历史意义。

2.概述图书馆、博物馆的成长历程，认识其在文化传承与传播中的作用。

第十五课 文化遗产：全人类共同的财富

思政教育目标：

1.通过万里长城、故宫、京剧等，认识文化遗产保护对传承民族文化、维护文化多样性和创造性的重要意义。

2.感受文化遗产所承载的历史和面临的各种挑战，了解保护的必要性。

核心素养目标：

1.利用《国际古迹保护与修复宪章》《保存古物推广办法》等资料，实证中外文化遗产保护的发展过程，解释保护文化遗产的原因。

2.了解中外具有代表性的历史遗迹与文化遗产，了解《世界遗产公约》《保护非物质文化遗产公约》等相关史实，梳理中国的世界文化遗产保护历程，解释世界文化遗产保护对传承民族文化、维护文化多样性和创造性的重要意义。